AKADEMIEKONFERENZEN

Band 26

Martin Bucer am Marburger Religionsgespräch 1529 als Vermittler zwischen Martin Luther und Huldrych Zwingli.
Joseph Ehrismann (1880–1937). Glasfenster der prot. Kirche in Weitbruch im Unterelsaß, angefertigt 1914/1924 nach einer Skizze des Straßburger Theologieprofessors Robert Will (1869–1959).
Photographie: Pfr. Jean-Pierre Siefer, Weitbruch

Martin Bucer, der dritte deutsche Reformator

Zum Ertrag der Edition der Deutschen Schriften Martin Bucers

Herausgegeben von

CHRISTOPH STROHM

THOMAS WILHELMI

im Auftrag der

Heidelberger Akademie der Wissenschaften,
Akademie der Wissenschaften
des Landes Baden-Württemberg

Universitätsverlag
WINTER
Heidelberg

Bibliografische Information der Deutschen Nationalbibliothek

Die Deutsche Nationalbibliothek verzeichnet diese Publikation in der Deutschen Nationalbibliografie; detaillierte bibliografische Daten sind im Internet über *http://dnb.d-nb.de* abrufbar.

Dieser Band wurde im Rahmen der gemeinsamen Forschungsförderung von Bund und Ländern im Akademienprogramm mit Mitteln des Bundesministeriums für Bildung und Forschung sowie des Ministeriums für Wissenschaft, Forschung und Kunst des Landes Baden-Württemberg erarbeitet.

UMSCHLAGBILD

Sonderbriefmarke der Deutschen Post:
Martin Bucer, 8. Februar 2001

ISBN 978-3-8253-6723-7

Imprimé en Allemagne · Printed in Germany
Druck: Memminger MedienCentrum, 87700 Memmingen

Gedruckt auf umweltfreundlichem, chlorfrei gebleichtem und alterungsbeständigem Papier.

Den Verlag erreichen Sie im Internet unter:
www.winter-verlag.de

Inhalt

Vorwort der Herausgeber 7

Abkürzungen 9

MARTIN GRESCHAT
Zur Geschichte der Bucer-Edition 11

CHRISTOPH STROHM
Martin Bucer und die südwestdeutsche Reformationsgeschichte 29

STEPHEN BUCKWALTER
Bucers theologisches Profil im Lichte der jüngst edierten BDS-Bände 53

WOLFGANG SIMON
Martin Bucer – Vermittler, Helfer, Freund und Familienvater.
Notizen zu seinem Briefwechsel der Jahre 1531–1533 65

EIKE WOLGAST
Gesinnungsethik und Verantwortungsethik. Martin Bucer und
Jakob Sturm im Kampf um die Einführung des Interims in Straßburg 73

Personenregister 105

Gottfried Seebaß (1937–2008)
zum Gedenken

Vorwort

Der Abschluss der jahrzehntelangen Arbeit an der Edition der Deutschen Schriften des Straßburger Reformators Martin Bucer war Anlass, am 7./8. April 2016 ein kleines Kolloquium in den Räumen der Heidelberger Akademie der Wissenschaften durchzuführen. Mit ein paar Schlaglichtern sollte der Ertrag der Edition beleuchtet werden. Seit Beginn der Arbeiten hat sich die erstmals von dem Heidelberger Kirchenhistoriker Heinrich Bornkamm verwendete Bezeichnung Bucers als des „dritten deutschen Reformators" nach Martin Luther und Philipp Melanchthon allgemein durchgesetzt. Anlässlich der 400. Wiederkehr des Todesjahres Bucers hatte Bornkamm 1951 bei einem Festakt der Theologischen Fakultät der Universität Heidelberg einen Vortrag über „Martin Bucers Bedeutung für die europäische Reformationsgeschichte" gehalten. Da fehlte die Bezeichnung Bucers als des „dritten deutschen Reformators" noch. Erst in der Neupublikation des Vortrags 1961, nachdem die Arbeiten an der Edition der Werke Martin Bucers begonnen hatten, erhielt der Vortrag den pointierten Titel „Martin Bucer, der dritte deutsche Reformator".[1] Man kann diesen Sachverhalt als eine erste Auswirkung der Arbeit an der Edition der Schriften Bucers bewerten.

Im Folgenden rekonstruiert Martin Greschat die Geschichte der Edition der Deutschen Schriften Bucers seit den fünfziger Jahren des 20. Jahrhunderts. Der Beginn war belastet durch die Erfahrungen des Krieges zwischen Deutschland und Frankreich. Schweizer Gelehrte leisteten einen wichtigen Beitrag dazu, dass die Edition auf den Weg gebracht werden konnte. Ein wesentlicher Ertrag der Edition der Deutschen Schriften Bucers wird in dem Aufsatz Christoph Strohms vorgestellt: die überragende Bedeutung des Straßburger Reformators für die Reformation im Südwesten des Reichs. Stephen Buckwalter zeichnet ein Profil der Theologie des Reformators Bucer, wie es sich aus den in den vergangenen zwanzig Jahren edierten Deutschen Schriften ergibt. Er trat keineswegs nur vermittelnd auf, sondern konnte – zum Beispiel gegenüber den Täufern und Spiritualisten in Straßburg – durchaus auch klare Abgrenzungen vollziehen. Vielfach überschneidet sich die Edition der Deutschen Schriften mit der des Briefwechsels, so dass auch ein Blick in die Korrespondenz geworfen wird.

1 Heinrich Bornkamm, Martin Bucer, der dritte deutsche Reformator, in: Heinrich Bornkamm, Das Jahrhundert der Reformation. Gestalten und Kräfte, Göttingen 1961, S. 88–112.

Wolfgang Simon ergänzt auf diese Weise das theologische Profil durch Zeugnisse über Bucer als Vermittler im persönlichen Umfeld, als Freund und Familienvater. Eike Wolgast erhellt einen wichtigen Aspekt des reformatorischen Wirkens Bucers am Ende seiner Straßburger Zeit, nach der Niederlage der Protestanten im Schmalkaldischen Krieges. Durch den Vergleich der Reaktionen Bucers und des Stättmeisters Jakob Sturm auf die Einführung des Augsburger Interims 1548 in Straßburg lassen sich bei Bucer Tendenzen eines gesinnungsethischen Rigorismus herausarbeiten.

Zu danken ist der Heidelberger Akademie der Wissenschaften für die Finanzierung der Tagung und der Drucklegung der Beiträge. Ab dem Jahr 2017 wird die gesamte Ausgabe der Deutschen Schriften Martin Bucers auch über den Server der Heidelberger Universitätsbibliothek kostenlos nutzbar sein. Dem Gütersloher Verlagshaus, das für den Druck der Bände gesorgt hat, ist ausdrücklich für das Entgegenkommen in dieser Sache und die langjährige, erfreuliche Zusammenarbeit zu danken. Der letzte im Druck erschienene Band der Edition bietet verschiedene Register, unter anderem auch ein rudimentäres Sachregister zu allen Bänden. Er soll nicht nur als ein Hilfsmittel zur Erschließung der gedruckten Bände, sondern auch der digitalisierten Ausgabe dienen. Es ist zu hoffen, dass dadurch weitere Forschungen gefördert und den hier gebotenen Skizzen zur Seite gestellt werden. Herrn Stephen E. Buckwalter danken wir für die sorgfältige Durchsicht der Druckvorlagen, Frau stud. theol. Maria Götz für die Erstellung des Personenregisters.

Heidelberg, November 2016

Christoph Strohm / Thomas Wilhelmi

Abkürzungen

ABF	Archiv der Bucer-Forschungsstelle, im UAH
AKG	Arbeiten zur Kirchengeschichte
ARCEG	Acta reformationis catholicae ecclesiam Germaniae concernentia saeculi XVI
ARG	Archiv für Reformationsgeschichte
BCor	Martin Bucer, Briefwechsel / Correspondance
BDS	Martin Bucers Deutsche Schriften
BFChTh	Beiträge zur Förderung christlicher Theologie
BGLRK	Beiträge zur Geschichte und Lehre der reformierten Kirche
BOL	Martini Buceri Opera Latina
ChH	Church History
CR	Corpus reformatorum
DRTA.JR	Deutsche Reichstagsakten. Jüngere Reihe
EKO	Evangelische Kirchenordnungen des XVI. Jahrhunderts
HAW	Heidelberger Akademie der Wissenschaften
HWP	Historisches Wörterbuch der Philosophie
IEG	Leibniz-Institut für Europäische Geschichte, Mainz
KLK	Kirchenreform im Zeitalter der Glaubensspaltung
PC	Politische Correspondenz der Stadt Straßburg im Zeitalter der Reformation
QFRG	Quellen und Forschungen zur Reformationsgeschichte
RHPhR	Revue d'histoire et de philosophie religieuses
SMRT	Studies in medieval and reformation thought
SVRG	Schriften des Vereins für Reformationsgeschichte
ThLZ	Theologische Literaturzeitung
THR	Travaux d'humanisme et renaissance
ThZ	Theologische Zeitschrift, Basel
TRE	Theologische Realenzyklopädie
UAH	Universitätsarchiv Heidelberg
UAM	Universitätsarchiv Münster
UKG	Untersuchungen zur Kirchengeschichte
VIEG	Veröffentlichungen des Instituts für Europäische Geschichte, Mainz
WA	Luther, Martin: Werke. Kritische Gesamtausgabe, Weimar 1883 ff.
ZBRG	Zürcher Beiträge zur Reformationsgeschichte
ZKG	Zeitschrift für Kirchengeschichte

Martin Greschat

Zur Geschichte der Bucer-Edition

1. Die Anfänge

Am Anfang der kritischen Gesamtausgabe der Werke Martin Bucers stand kein geschlossenes Konzept. Es gab vielmehr eine Reihe einzelner Aktivitäten, die sich nur langsam und insgesamt begrenzt zu einem internationalen wissenschaftlichen Unternehmen vereinten.

Am 25. Februar 1951, dem 400. Todestag des elsässischen Reformators, hielt Heinrich Bornkamm in Heidelberg vor der Theologischen Fakultät einen Vortrag über „Martin Bucers Bedeutung für die europäische Reformationsgeschichte".[1] In der erweiterten gedruckten Fassung hieß es, die Zeit sei gekommen, „endlich gemeinsam in einer Zusammenarbeit der Wissenschaft aller in Frage kommenden Länder" die große Aufgabe einer Gesamtausgabe der Werke Bucers in Angriff zu nehmen. Und Heidelberg sei „kein unwürdiger Ort, die ökumenische Christenheit an diese Verpflichtung zu erinnern und den Weltrat der Kirchen um Hilfe zu bitten, damit Martin Bucer das Denkmal gesetzt werden kann, das er um die Geschichte der Reformation in Europa verdient hat".

Zusammen mit dieser Würdigung erschien die von Robert Stupperich zusammen mit Erwin Steinborn, dem Direktor der Universitätsbibliothek Münster, erarbeitete „Bibliographia Bucerana".[2] Sie konnte in der Situation der Nachkriegszeit keinen Anspruch auf Vollständigkeit erheben, verzeichnete jedoch, wie es hieß, hoffentlich „alles Notwendige". In seinem Vorwort dankte Stupperich den angeschriebenen Bibliotheken, den Beamten der Universitätsbibliothek Münster sowie Herrn Jacques Vincent Pollet in Straßburg, der „Listen" geliefert habe.

Diese letzte Bemerkung war Stupperich nicht leicht gefallen. Denn er hegte den Verdacht, dass die französische Seite versuchte, die Bucer-Edition zu ihrer Sache zu machen. Stupperich schrieb: Der „katholische Dr. Pollet", der in dieser „ganzen Sache" eine große Rolle spiele, habe ein Stipendium von Paris, könne deshalb große Reisen zu deutschen Bibliotheken unternehmen, so dass inzwischen die Straßburger Pläne hinsichtlich der Butzer-Edition „recht weit gediehen" seien.[3] Wie diese aussehen werde, ließe sich am letzten Heft der

1 Gedruckt in den SVRG 169. Gütersloh 1952, S. 5–36, Zitate S. 35 f.
2 Ebd., S. 37–96.
3 Hierzu und zum Folgenden: Robert Stupperich an Heinrich Bornkamm, 10.5.1951. Universitätsarchiv Heidelberg (UAH), Acc. 15109–18.

Straßburger „Revue d'Histoire et de Philosophie Religieuses" ablesen. Dort hatte François Wendel Bucers „Summarischen Vergriff der Christlichen Lehre" von 1548 im Paralleldruck mit einer französischen Übersetzung sowie einer vorzüglichen historischen Einleitung ediert.[4] Stupperich fragte Bornkamm nun betont offiziell: „Ist es angesichts der französischen Absichten nicht unsere Ehrenpflicht, um Butzer für die deutsche Forschung zu reklamieren?" Die Straßburger mögen, fuhr Stupperich fort, Bucer in Frankreich durch Übersetzungen bekannt machen. Aber „die Butzer-Edition muss m. E. in deutschen Händen bleiben!"

Im einzelnen schlug Stupperich vor: Beginn mit „einer kleinen Handausgabe", nach dem Vorbild der von ihm edierten „Melanchthons Werke in Auswahl". Ein solcher Auszug aus Bucers Werk würde „eine große Publikation nicht gefährden, sondern ihr erst recht den Weg bahnen". Für diese Arbeit stehe ihm eine wissenschaftliche Hilfskraft zur Verfügung. Ernst Bizer habe seine Mitarbeit angeboten, Wilhelm Maurer könne er fragen. Dasselbe gelte im Blick auf Fritz Blanke in der Schweiz. Wohl auf dem Hintergrund der Informationen über Pollet, meinte Stupperich zuletzt, dass man sich um „das Briefcorpus" nicht kümmern müsse: „Das wird schon in Paris gedruckt".

Einige Wochen später, am 5. Juni 1951, dankte Stupperich Bornkamm für dessen Ergänzungen zu seinem Artikel „Stand und Aufgabe der Butzer-Forschung".[5] Hier wie da beharrte Stupperich darauf, „mit einer Handausgabe zu beginnen". Für das Projekt einer großen deutschen Edition fürchtete er im Blick auf die Straßburger Rührigkeit einen allzu großen Vorsprung der Franzosen. Die Bearbeitung des Briefwechsels sei inzwischen durch Pollets Tätigkeit weit fortgeschritten. Schließlich erfuhr Bornkamm, dass der Versuch gescheitert sei, von der Genfer Ökumene Gelder für die Edition zu erhalten.

Inzwischen war auch Bornkamm der Meinung, dass die deutsche Bucer-Forschung sich „irgendwie" melden müsse.[6] Das geschah wenig später. Der international bekannte Historiker Gerhard Ritter, Vorsitzender des Vereins für Reformationsgeschichte, offerierte dem Straßburger Kirchenhistoriker François Wendel die Zusammenarbeit der Deutschen mit den Franzosen bei der Edition der Werke Bucers.[7] Zusammen mit der wenig später erfolgten Zustimmung

4 RHPhR 31 (1951), S. 3–101. Vgl. dazu Martin Bucer (1491–1551), Bibliographie. Erstellt von Holger Pils, Stephan Ruderer und Petra Schaffrodt, Gütersloh 2005, Nr. 183. Zum Ganzen: Marc Lienhard, Regards sur l'édition des Oeuvres de Martin Bucer, in: RHPhR 92 (2012), S. 413–444.

5 UAH, Acc. 15109–18. Der genannte Artikel Stupperichs erschien im ARG 42 (1951), S. 244–259.

6 An Hanns Rückert, 18.9.1951. UAH, Acc. 15109–24.

7 Das geht aus dem Brief Ritters an Bornkamm vom 11.3.1952 hervor: Archiv des Vereins für Reformationsgeschichte, im Leibniz-Institut für Europäische Geschichte in Mainz (IEG), Bestand Nr. 4. Zu danken habe ich Herrn Dr. Henning P. Jürgens für seine diesbezüglichen Recherchen. Ein Nachlass Wendels existiert nach Auskunft von Marc Lienhard nicht. Im Nachlass

Wendels signalisierte eine Reihe angesehener Franzosen Gerhard Ritter die Bereitschaft zur Unterstützung des Vorhabens, darunter Marc Boegner, Präsident der Fédération Protestante de France, Emile G. Léonard, Professor für die Geschichte des Protestantismus an der Sorbonne, der bekannte Lutherbiograph und Wirtschaftshistoriker Lucien Febvre, ebenso Gabriel Puaux, Präsident der Gesellschaft für die Geschichte des französischen Protestantismus. Bornkamm möge ihm, Ritter, vorschlagen, was er Wendel antworten solle. Bornkamm reagierte eher zurückhaltend.[8] Gewiss sei die Bereitschaft der Franzosen zur Mitarbeit erfreulich. Aber ihr Modell der Auswahl von Texten Bucers mit einer gleichzeitigen französischen Übersetzung entspreche nicht den deutschen Vorstellungen. Zunächst komme es darauf an, dass der Verein für Reformationsgeschichte eine Bucer-Kommission bilde, der Stupperich, Maurer und Bizer angehören sollten, am besten unter der Federführung Bizers, der aufgrund seiner Kriegsgefangenschaft in Montpellier gut französisch spreche.[9] Den erhofften Zuschuss von der Deutschen Forschungsgemeinschaft (DFG) werde man sicherlich nur erhalten, wenn wenigstens ein Teil der Bucer-Ausgabe in Deutschland erscheine. Doch zunächst sei den Straßburgern die deutsche Bereitschaft zur Zusammenarbeit zu versichern, verbunden mit dem Vorschlag einer Besprechung im kleinen Kreis. Nüchtern schloss Bornkamm: „Wir können unsererseits gar nichts machen, wenn die Straßburger uns nicht ihr Material großzügig zur Verfügung stellen."

Bornkamm wandte sich nun an Wendel, woraufhin dieser die Herren Maurer, Stupperich und Bizer für den 8. Oktober 1952 nach Straßburg einlud. Um dort eine gemeinsame Position zu vertreten, fand am 15. September eine Vorbesprechung der Genannten mit Bornkamm in Frankfurt a.M. statt.[10] Einzelheiten dazu sind nicht bekannt. Über die folgende Sitzung in Straßburg liegen zwei Berichte vor: ein Ergebnisprotokoll von Rodolphe Peter, Studieninspektor an St. Thomas und Sekretär des geplanten Herausgebergremiums, sowie ein Verlaufsprotokoll von Stupperich.[11] Der „ergänzende Brief" von Ernst Bizer ist leider verloren.[12]

Gerhard Ritters (Bundesarchiv Koblenz, Nr. 116) kommt Wendel nicht vor (Mitteilung vom 18.11.2015), ebenso wenig im Nachlasssplitter im Evangelischen Zentralarchiv Berlin (EZA).

8 Bornkamm an Ritter, 3.4.1952. IEG, Bestand Nr. 4.

9 Ein Nachlass Ernst Bizers im Universitätsarchiv Bonn existiert nicht; Mitteilung vom 12.1.2016. Zu Bizers Tätigkeit als Dozent im Kriegsgefangenenlager in Montpellier vgl. Emil Blum (Hg.), Kriegsgefangen in Frankreich, Tübingen 1948.

10 Bornkamm an Ritter, 4.9.1952. IEG, Bestand Nr. 4.

11 Beide im Archiv der Bucer-Forschungsstelle Münster/Heidelberg. UAH, ABF, Pla 1, S. 177, 178f. (s. Abb.).

12 Erwähnt in der Vorstandssitzung des Vereins für Reformationsgeschichte am 26.10.1952. IEG, Bestand Alt-Akten Nr. 2: (1938), 1949–1988.

177

FACULTÉ DE THÉOLOGIE PROTESTANTE DE L'UNIVERSITÉ DE STRASBOURG

EDITION DES OEUVRES DE MARTIN BUCER

=-=-=-=-=-=-=-=

Procès-verbal de la réunion préparatoire du 8 octobre 1952.

Aux deux séances, celle du matin 11 h à 12,20 h et celle de l'après-midi 15 h à 18,20 h, étaient présents Monsieur le Doyen Hauter, président et MM. les Professeurs Benoît (Strasbourg), Bizer (Bonn), Blanke (Zurich), Courvoisier (Genève), Maurer (Erlangen), Mehl (Strasbourg), Meylan (Lausanne), M. le Bibliothécaire Rott (Strasbourg), MM. les Professeurs Scherding (Strasbourg), Staehelin (Bâle), Strasser (Berne), Strohl (Strasbourg), Stupperich (Munster en W.), Wendel (Strasbourg), M. le Pasteur Peter (Strasbourg).

Monsieur le Doyen Hauter ouvre la séance en souhaitant la bienvenue aux invités. Leur présence prouve l'intérêt que Bucer ne cesse de susciter dans le monde savant et la chrétienté occidentale toute entière. La Faculté de Théologie Protestante de Strasbourg se fait un honneur de publier sous son patronage les oeuvres de celui qui fut son fondateur. MM. Strasser, Stupperich et Courvoisier remercient la Faculté de Théologie Protestante de Strasbourg de l'initiative qu'elle a prise et se déclarent d'accord pour que Strasbourg soit le centre de l'entreprise.

Le premier point discuté est la question de l'étendue de l'édition. Après avoir entendu les différents avis, la commission se rallie à l'idée d'une publication intégrale et scientifique, quitte à publier après coup un choix des oeuvres les plus importantes à l'usage du grand public avec d'éventuelles traductions françaises, allemandes ou anglaises. L'édition intégrale, sans la correspondance, est estimée à 20 volumes, dont 6 à 8 pour les oeuvres de langue allemande.

La publication sera assurée par la collaboration de maisons d'édition de différents pays : pour la France les Presses Universitaires de France, pour l'Allemagne la maison Bertelsmann de Gütersloh entreraient en ligne de compte. Chaque maison d'édition tâcherait de trouver dans son pays les subventions nécessaires. Avant tout ces maisons d'édition, spécialement les Presses Universitaires de France et Bertelsmann, devront se mettre d'accord sur les principes d'une coopération. La présentation devra être uniforme : format, papier, caractères, disposition typographique, couverture, titres.

Pour le classement des oeuvres, soit par sujets, soit par ordre chronologique, la majorité se rallie à la seconde solution et propose pour la tomaison une numérotation préalable ne devant pas préjuger de l'ordre de publication.

Quant à la correspondance, elle comprendra les lettres de et à Bucer, les préfaces et les lettres du corps pastoral de Strasbourg. La question de savoir si les mémoires et avis y seront inclus est réservée. Le nombre des lettres repérées jusqu'à présent est légèrement supérieur à 2000. Les lettres déjà publiées dans des collections scientifiques ne seront données qu'en analyse. La prospection continue et l'on se propose de publier bientôt une liste provisoire sur le modèle de ce qui a été fait pour Théodore de Bèze.

A côté de la commission de publication (dans laquelle on cooptera encore différents savants anglo-saxons) un comité de rédaction a été constitué, composé de MM. Wendel, président, Rott, Staehelin, Stupperich, et Peter, secrétaire.

Ce comité de rédaction est chargé de présenter pour la prochaine séance
1) un plan d'ensemble de l'édition (Mr. Stupperich)
2) la liste aussi complète que possible des collaborateurs entre lesquels pourraient se répartir les oeuvres.
3) les principes adoptés pour l'édition des textes (Mr. Wendel)
4) une circulaire à envoyer à tous les dépôts d'Archives et aux Bibliothèques entrant en ligne de compte.

Le Secrétaire :

R. Peter

Ergebnisprotokoll der Sitzung der internationalen Bucer-Kommission vom 8.10.1952 in Straßburg, erstellt von Rodolphe Peter. UAH, ABF, Pla 1, S. 177

178

B e r i c h t

über die Sitzung der internationalen Butzer-Kommission in Straßburg am 8. Oktober 1952.

Die im Universitätsgebäude im Dekanat der Evangel.-theologischen Fakultät tagende Versammlung setzte sich aus 16 Mitgliedern zusammen. Von diesen kamen 8 aus Straßburg (Hauter, Strohl, Wendel, Scherding, Benoit, Mehl, Rott und Peter), 5 aus der Schweiz (Stähelin, Blanke, Strasser, Meylan und Courvoisier) und 3 aus Deutschland (Bizer, Maurer und Stupperich). Den Vorsitz führte der Straßburger Dekan Hauter. Günstigerweise ließ er zuerst die Herren Stähelin und Blanke aus ihren Erfahrungen heraus die Grundsätze für eine neue Ausgabe der Butzer-Werke aufstellen, ehe die Straßburger selbst ihren Plan entwickelten. Bei diesem letzteren käme es darauf hinaus, daß eine Auswahl-Ausgabe von 7 bis 8 Bänden geschaffen würde, in die die bereits von den Straßburgern herausgegebenen Hefte einbezogen werden sollten. Die Argumente, die Herr Blanke für eine Gesamtausgabe angeführt hatte, waren so durchschlagend, daß von diesem Plan ernstlich nicht mehr gesprochen wurde. Im Anschluß an Blankes Ausführungen konnten unsere Frankfurter Beschlüsse vorgebracht werden, die auf die weiteren Besprechungen ohne Einfluß geblieben sind. Es muß zwar erwähnt werden, daß sich die Herren Courvoisier und Strasser weiterhin für eine Ausgabe mit französischer Übersetzung einsetzten und damit wenigstens teilweise dem Straßburger Plan entgegenkamen. Aber dieser Vorschlag ist ebenfalls von den Herren Blanke und Stähelin abgewehrt worden. Als Ergebnis kann festgestellt werden, daß eine Gesamtausgabe erstrebt wird und daß der Wille zur Zusammenarbeit dabei durchaus vorhanden ist.

Über

Verlaufsprotokoll der Sitzung der internationalen Bucer-Kommission vom 8.10.1952 in Straßburg, erstellt von Robert Stupperich. UAH, ABF, Pla 1, S. 178 f., hier S. 178

Unausgesprochen, aber unverkennbar herrschte in Straßburg eine angespannte Stimmung. Die vollzählig anwesende Theologische Fakultät war während ihrer Evakuierung in Clermont-Ferrand erheblichen nationalsozialistischen Gewaltmaßnahmen ausgeliefert gewesen.[13] Der Dekan, Charles Hauter, der die Sitzung leitete, war vom Januar 1944 bis zum 11. April des Jahres Gefangener im KZ Buchenwald gewesen. Sein Sohn André starb in einem Lager in Lublin. Die Familie Wendel schließlich sah sich seit Generationen als Franzosen. François Wendel war aufgrund solcher Erfahrungen entschieden antideutsch gesinnt. Geladen waren deshalb auch neben den Franzosen fünf Schweizer Gelehrte, aus Deutschland lediglich Bizer, Maurer und Stupperich. Man kam überein, die geplante große Edition unter der Ägide der Straßburger Fakultät erscheinen zu lassen. Gedacht war ohne die Korrespondenz an etwa 20 Bände, von denen sechs bis acht deutsche Schriften Bucers enthalten sollten. Die Verlage Mohn in Gütersloh und die Presses Universitaires de France würden sich um die größtmöglichen Gemeinsamkeiten aller Bände kümmern. Diese sollten chronologisch angelegt sein. Die nötigen Subventionen hätte das Land aufzubringen, in dem ein Band erschien. Schließlich bildete man einen Arbeitsausschuss, dem unter dem Vorsitz Wendels – nach Stupperich „der eigentlich treibenden Kraft in Straßburg“ – die Herren Staehelin (in Basel), Rott, Stupperich, ein noch zu wählender Engländer sowie Peter als Sekretär angehörten.

Stupperichs Bericht lässt erkennen, dass die Vorstellungen der Deutschen auf der Tagung kaum eine Rolle spielten. Als ausschlaggebend erwiesen sich die Voten von Staehelin und vor allem von Fritz Blanke.[14] Ob dieser vorher Stupperich kontaktiert hatte, sei dahingestellt. Die Schweizer erklärten sich jedenfalls für eine Gesamtausgabe der Werke Bucers und lehnten begleitende französische Übersetzungen ab. Der Wunsch der Deutschen, ihnen die Edition der deutschen Schriften Bucers zu überlassen, wurde nicht entschieden. Dahinter stehe offenbar das Interesse Wendels, die bereits an Straßburger Bearbeiter vergebenen deutschen Texte weiter von ihnen bearbeiten zu lassen, vermutete Stupperich. Der Freiburger Direktor der Universitätsbibliothek berichtete Ritter im März 1951, er habe Rott „sehr verschüchtert“ erlebt, „da er unter sehr starkem französischen Druck steht“.[15] Leider erfahre die Arbeit Rotts am Briefwechsel in Straßburg keine Unterstützung, so dass dieses Projekt noch ganz in den Anfängen stecke. Pollet forderte wenig später die wissenschaftliche Welt

13 Einen knappen Überblick dazu bietet Matthieu Arnold, La Faculté de Théologie Protestante de l'Université de Strasbourg de 1919 à 1945, Straßburg 1990, S. 271–280.

14 Ein Nachlass Fritz Blankes im Universitätsarchiv Zürich existiert leider nicht. Freundliche Mitteilung vom 15.1.2016.

15 An Bornkamm, 20.3.1951. IEG, Bestand Nr. 4. Vgl. auch Marc Lienhard, Un érudit renommé, grand ami du Vieux Strasbourg: Jean Rott (1911–1998), in: Annuaire de la Société des Amis du Vieux Strasbourg 38 (2013), S. 107–113.

zur Zusammenarbeit mit Straßburg bei der Edition des wichtigen Briefwechsels Bucers auf.[16]

Auf der Sitzung des Vorstands des Vereins für Reformationsgeschichte am 26. Oktober wurde im Anschluss an den Bericht über die Straßburger Tagung die Gründung einer Bucer-Kom- mission unter der Leitung Stupperichs beschlossen.[17] Auf der internationalen Tagung dieser Kommission am 15. Mai 1953 in Straßburg[18] beschloss man die Aufteilung der Edition in zwei gesonderte Serien, eine deutsche und eine lateinische, mit neun bzw. fünfzehn Bänden. In einer dritten, auf sechs Bände veranschlagten Reihe, wären Bucers Briefwechsel sowie die Gutachten zu publizieren. Archivalien sollten durch „Umfrage bald“ erhoben werden! Man wollte den großen deutschen Satzspiegel zugrunde legen (42 Zeilen zu 65 Schriftzeichen) und die einzelnen Schriften in Faszikeln mit eigener Paginierung herausbringen. Die Einleitungen wären knapp zu halten. Doch Wendel bestand auf 60 Seiten für seine Einleitung zu „De regno Christi“. Leicht konnte man sich auf die international verbreitete Schreibweise „Bucer“ anstelle von „Butzer“ einigen. Schwierigkeiten bereitete jedoch der Gesamttitel der Edition. Der Schweizer Vorschlag einer lateinischen Bezeichnung (Opera Martini Buceri, sub auspiciis ordinis Theologorum Argentinensium a sodalitate Bucerana edita) lehnten die Franzosen ab: Man müsse einen französischen Titel wählen. Dagegen setzten die Deutschen, dass bei einer solchen Firmierung unmöglich mit der Unterstützung der DFG zu rechnen sei. Die Frage blieb ungeklärt.

Im Übrigen überwog Zuversicht. In Frankreich ebenso wie in Westdeutschland sah man keine Schwierigkeiten, die erforderlichen Druckkostenzuschüsse einzuwerben. Die Straßburger hatten die meisten Mitglieder der Fakultät für die Edition der lateinischen Kommentare Bucers gewonnen und planten, „alle zwei Jahre“ einen Teilband herausbringen zu können. Die deutsche Seite zählte – wie Stupperich stolz meldete – inzwischen nicht weniger als 21 Mitarbeiter. Am 23. September 1952 stellte die Bucer-Kommission des Vereins für Reformationsgeschichte einen Förderantrag bei der DFG zur Vorbereitung der Edition der deutschen Bände. Genehmigt wurde ab 1953 ein wissenschaftlicher Mitarbeiter. Am 31. Dezember reichte Stupperich eine Aufstellung des geplanten Umfangs der deutschen Reihe nach.[19] Lege man, wie gewünscht, den größeren deutschen Satzspiegel zugrunde, wäre mit sechs Bänden zu rechnen, beim französischen Satzspiegel mit zehn. Vom ungedruckten Material war bei diesen Berechnungen mit keinem Wort die Rede! In einem 1953 verfassten „Bericht über den Stand der Butzer-Edition“ wurde zwar erwähnt, dass man inzwischen

16 La correspondance inédite de Martin Bucer, in: ARG 46 (1955), S. 213–221.
17 IEG, Bestand Alt-Akten, Nr. 2 (1938), 1949–1988.
18 Bericht im UAH, ABF, Pla 1, S. 169 f.
19 UAH, ABF, Pla 1, S. 173–175.

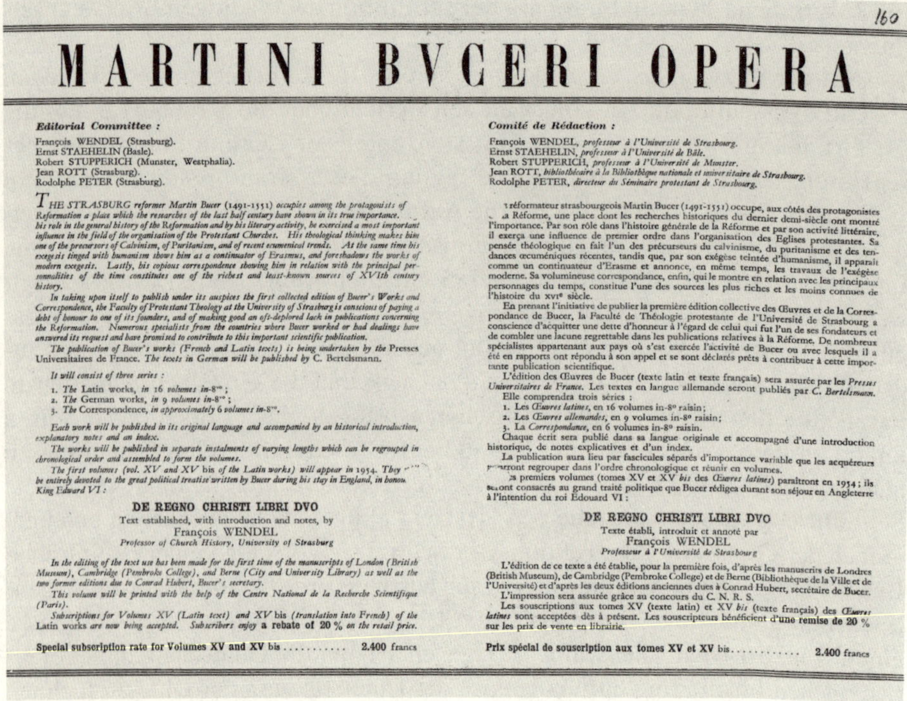

160

MARTINI BVCERI OPERA

Editorial Committee :

François WENDEL (Strasburg).
Ernst STAEHELIN (Basle).
Robert STUPPERICH (Munster, Westphalia).
Jean ROTT (Strasburg).
Rodolphe PETER (Strasburg).

THE STRASBURG reformer Martin Bucer (1491-1551) *occupies among the protagonists of Reformation a place which the researches of the last half century have shown in its true importance. ... his role in the general history of the Reformation and by his literary activity, he exercised a most important influence in the field of the organisation of the Protestant Churches. His theological thinking makes him one of the precursors of Calvinism, of Puritanism, and of recent ecumenical trends. At the same time his exegesis tinged with humanism shows him as a continuator of Erasmus, and foreshadows the works of modern exegesis. Lastly, his copious correspondence showing him in relation with the principal personnalities of the time constitutes one of the richest and least-known sources of XVIth century history.*

In taking upon itself to publish under its auspices the first collected edition of Bucer's Works and Correspondence, the Faculty of Protestant Theology at the University of Strasburg is conscious of paying a debt of honour to one of its founders, and of making good an oft-deplored lack in publications concerning the Reformation. Numerous specialists from the countries where Bucer worked or had dealings have answered its request and have promised to contribute to this important scientific publication.

The publication of Bucer's works (French and Latin texts) is being undertaken by the Presses Universitaires de France. *The texts in German will be published by* C. Bertelsmann.

It will consist of three series :

1. *The* Latin works, *in* 16 *volumes in-8vo* ;
2. *The* German works, *in* 9 *volumes in-8vo* ;
3. *The* Correspondence, *in approximately* 6 *volumes in-8vo*.

Each work will be published in its original language and accompanied by an historical introduction, explanatory notes and an index.

The works will be published in separate instalments of varying lengths which can be regrouped in chronological order and assembled to form the volumes.

The first volumes (vol. XV and XV bis *of the Latin works) will appear in* 1954. *They ... be entirely devoted to the great political treatise written by Bucer during his stay in England, in honou[r of] King Edward VI :*

DE REGNO CHRISTI LIBRI DVO
Text established, with introduction and notes, by
François WENDEL
Professor of Church History, University of Strasburg

In the editing of the text use has been made for the first time of the manuscripts of London (British Museum), Cambridge (Pembroke College), and Berne (City and University Library) as well as the two former editions due to Conrad Hubert, Bucer's secretary.

This volume will be printed with the help of the Centre National de la Recherche Scientifique (Paris).

Subscriptions for Volumes XV (Latin text) and XV bis *(translation into French) of the* Latin works *are now being accepted. Subscribers enjoy* **a rebate of 20 %** *on the retail price.*

Special subscription rate for Volumes XV and XV bis . . . . **2.400** francs

Comité de Rédaction :

François WENDEL, *professeur à l'Université de Strasbourg.*
Ernst STAEHELIN, *professeur à l'Université de Bâle.*
Robert STUPPERICH, *professeur à l'Université de Munster.*
Jean ROTT, *bibliothécaire à la Bibliothèque nationale et universitaire de Strasbourg.*
Rodolphe PETER, *directeur du Séminaire protestant de Strasbourg.*

réformateur strasbourgeois Martin Bucer (1491-1551) occupe, aux côtés des protagonistes a Réforme, une place dont les recherches historiques du dernier demi-siècle ont montré l'importance. Par son rôle dans l'histoire générale de la Réforme et par son activité littéraire, il exerça une influence de premier ordre dans l'organisation des Eglises protestantes. Sa pensée théologique en fait l'un des précurseurs du calvinisme, du puritanisme et des tendances œcuméniques récentes, tandis que, par son exégèse teintée d'humanisme, il apparait comme un continuateur d'Erasme et annonce, en même temps, les travaux de l'exégèse moderne. Sa volumineuse correspondance, enfin, qui le montre en relation avec les principaux personnages du temps, constitue l'une des sources les plus riches et les moins connues de l'histoire du XVIe siècle.

En prenant l'initiative de publier la première édition collective des Œuvres et de la Correspondance de Bucer, la Faculté de Théologie protestante de l'Université de Strasbourg a conscience d'acquitter une dette d'honneur à l'égard de celui qui fut l'un de ses fondateurs et de combler une lacune regrettable dans les publications relatives à la Réforme. De nombreux spécialistes appartenant aux pays où s'est exercée l'activité de Bucer ou avec lesquels il a été en rapports ont répondu à son appel et se sont déclarés prêts à contribuer à cette importante publication scientifique.

L'édition des Œuvres de Bucer (texte latin et texte français) sera assurée par les *Presses Universitaires de France*. Les textes en langue allemande seront publiés par *C. Bertelsmann*.

Elle comprendra trois séries :

1. Les *Œuvres latines*, en 16 volumes in-8° raisin;
2. Les *Œuvres allemandes*, en 9 volumes in-8° raisin;
3. La *Correspondance*, en 6 volumes in-8° raisin.

Chaque écrit sera publié dans sa langue originale et accompagné d'une introduction historique, de notes explicatives et d'un index.

La publication aura lieu par fascicules séparés d'importance variable que les acquéreurs [illegible]rront regrouper dans l'ordre chronologique et réunir en volumes.

s premiers volumes (tomes XV et XV *bis* des *Œuvres latines*) paraîtront en 1954 ; ils [illegible]ont consacrés au grand traité politique que Bucer rédigea durant son séjour en Angleterre à l'intention du roi Édouard VI :

DE REGNO CHRISTI LIBRI DVO
Texte établi, introduit et annoté par
François WENDEL
Professeur à l'Université de Strasbourg

L'édition de ce texte a été établie, pour la première fois, d'après les manuscrits de Londres (British Museum), de Cambridge (Pembroke College) et de Berne (Bibliothèque de la Ville et de l'Université) et d'après les deux éditions anciennes dues à Conrad Hubert, secrétaire de Bucer.

L'impression sera assurée grâce au concours du C. N. R. S.

Les souscriptions aux tomes XV (texte latin) et XV *bis* (texte français) des *Œuvres latines* sont acceptées dès à présent. Les souscripteurs bénéficient d'**une remise de 20 %** sur les prix de vente en librairie.

Prix spécial de souscription aux tomes XV et XV bis. . . . . **2.400** francs

Anzeige der Presses universitaires de France betr. die Edition „Martini Buceri omnia“ aus dem Jahr 1954. UAH, ABF, Pla 1, S. 160

„verschiedene Gutachten“ Bucers kenne, „einige Schriften, die den Komplex des Abendmahlsstreites berühren, sowie mehrere Stücke zur Berner Disputation von 1528“.[20] Doch Folgerungen im Blick auf den Umfang der deutschen Schriften Bucers zog man daraus nicht.

Der erste Band dieser Reihe sollte 1954 erscheinen. Nimmt man die „Erklärung“ von 1957 hinzu, dass durch die Gewährung eines zweiten wissenschaftlichen Mitarbeiters seitens der DFG jährlich eineinhalb bis zwei Bände der Deutschen Schriften fertiggestellt werden könnten,[21] ist der schwere Grundfehler dieser Edition offenkundig. Sicherlich konnte zunächst niemand den immensen Reichtum der handschriftlichen Überlieferung Bucers überblicken. Dieses Argument wurde in den folgenden Jahren und Jahrzehnten unentwegt ins Feld geführt. Und der Einwand ist auch kaum von der Hand zu weisen, dass es enorm

20 Ebd.
21 Mitteilungen Stupperichs an die DFG am 15.4. und 28.6.1957. UAH, ABF, DFG 1, S. 276. 282f.

viel Zeit gekostet hätte, zunächst einmal eine umfassende Sichtung des ungedruckten Materials durchzuführen. Nichtsdestoweniger bleibt das Argument, dass das gewählte Konzept vor allem den einen oder auch die zwei wissenschaftlichen Mitarbeiter überforderte: Sie sollten die Druckvorlagen der Texte Bucers korrigieren, diese erläutern, die Arbeit der auswärtigen Mitarbeiter überprüfen, Manuskripte der Bände erstellen, den Druck überwachen sowie schließlich Recherchen zu bislang unbekanntem handschriftlichem Material durchführen: Und das alles unter einem enormen Zeitdruck! Offen blieb, ob und inwieweit der Herausgeber das Manuskript eines Bandes überprüfte. Orientierte er sich an Stupperichs Auswahl aus den Werken Melanchthons, wo ein einzelner Bearbeiter einen Teilbereich in eigener Verantwortung erstellte? Oder an Wendels 1955 erschienenen, von ihm allein sorgfältig erarbeiteten Band XV der lateinischen Reihe mit „De regno Christi“? Wie sich zeigte, waren vor allem in den beiden ersten Bänden der Deutschen Schriften Bucers einzelne Bearbeiter schlicht überfordert.[22]

2. Komplizierte Weiterführung

Der Generalsekretär der Reformierten Kirche Frankreichs, Paul Conord, erklärte am 30. Oktober 1955 auf der Generalversammlung des französischen Protestantismus in Montpellier: „Die Atmosphäre im Jahr 1955 in Europa entspricht kaum noch derjenigen von 1945 oder auch 1950. Viele derjenigen, die damals der französisch-deutschen Annäherung feindlich gegenüberstanden, fördern sie heute“.[23] Das geschehe freilich keineswegs immer aus Gründen, die den Kirchen gefielen. Nichtsdestoweniger existiere inzwischen eine Vielzahl von Einrichtungen, Organisationen und Institutionen, in denen sich Menschen für die Annäherung und Verständigung zwischen Deutschland und Frankreich einsetzten.

Im gleichen Jahr 1955 erfuhr Bornkamm, dass Pollet mit Rott am Briefwechsel Bucers arbeite.[24] Dass trotzdem Spannungen und Probleme in der wissenschaftlichen Zusammenarbeit zwischen Straßburg und den Deutschen blieben, belegte das Festhalten Wendels an dem von der deutschen Bucer-Kommission abgelehnten Reihentitel der Edition. Während die deutsche Seite hier nur von

22 Vgl. dazu die Liste der Corrigenda in BDS 18, bes. S. 750–769.

23 Zit. bei Martin Greschat, Bemühungen um Verständigung und Versöhnung. Der Beitrag des Französisch-Deutschen Bruderrates, in: Revue d’Allemagne 36 (2004), S. 155–174, Zitat S. 171.

24 Schreiben Bornkamms an Ritter, 27.1. und 10.2.1955. IEG, Bestand Alt-Akten Nr. 2: (1938), 1949–1988. Ein erster Band Pollets lag im Oktober 1956 im Manuskript vor und erschien 1958 in Paris: Jacques V. Pollet, Martin Bucer. Etudes sur la Correspondance avec de nombreux textes inédits.

„allen Werken“ Bucers sprechen wollte und sprach, hieß es in Band 15 der lateinischen Reihe, diese erschiene unter den „Auspizien der Evangelisch-Theologischen Fakultät in Straßburg“. Bornkamms Einwände gegen diesen – wie er es sah – Versuch der Straßburger, „das Ganze unter ihr Patronat zu stellen und den deutschen Anteil nicht in Erscheinung treten zu lassen“, fruchteten nichts.[25] Man solle, schlug Bornkamm vor, „unsere Titelform durchsetzen und das usurpierte Patronat ignorieren“. So geschah es dann auch.

Wendels Veröffentlichung von „De regno Christi“, Bucers letzter großer Schrift, bewirkte eine Umorientierung der deutschen Bucer-Kommission. Der Vorstand des Vereins für Reformationsgeschichte erfuhr auf seiner Sitzung am 27. April 1956, dass man die deutsche Reihe nicht chronologisch mit den Frühschriften Bucers eröffnen wolle, sondern mit seiner großen Schrift „Von der wahren Seelsorge“, die als Band 4/1 firmieren würde.[26] Das Manuskript liege im Herbst des Jahres vor.

Diese Mitteilung wollte auch die Frage der DFG beantworten, inwieweit denn der Zeitplan und die Leistungen der Bucer-Forschungsstelle noch übereinstimmten.[27] Ein Jahr zuvor hatte die DFG die allzu knappen Tätigkeitsberichte aus Münster moniert und darauf hingewiesen, dass mit der weiteren Förderung nur gerechnet werden könne, wenn man erfahre, wann „mit dem Erscheinen des ersten deutschen Bandes gerechnet werden kann“.[28]

Da die DFG keine Druckkostenzuschüsse vergab, musste Stupperich sich um andere Quellen bemühen. Wie stehe es denn mit der von ihm zunächst so gerühmten Bereitschaft der evangelischen Kirchen, sich finanziell zu engagieren, wurde er gefragt.[29] Tatsächlich konnte davon keine Rede sein. Doch im Herbst 1958 gelang Bornkamm mit der Unterstützung Ritters die Anbindung der Edition der Deutschen Werke Martin Bucers an die Heidelberger Akademie der Wissenschaften, die nun auch die Druckkostenzuschüsse übernahm.[30]

1960 erschien endlich der erste Band der Deutschen Schriften Martin Bucers. Er enthielt die Frühschriften sowie zwölf z. T. sehr umfangreiche „Anlagen und Gutachten“. Trotz der gemachten Erfahrungen wiederholte Stuppe-

25 An Ritter, 10.2.1955. IEG, Bestand Nr. 4.

26 IEG, Bestand Alt-Akten Nr. 2 (1938), 1949–1988. Ebenso lauteten Stupperichs Mitteilungen an die DFG am 15.4.1957 (UAH, ABF, DFG 1, S. 282 f.) sowie sein Artikel „Die kritische Ausgabe der Werke Martin Bucers“, in: ThLZ 82 (1957), S. 91–94.

27 Anfrage vom 16.11.1956. UAH, ABF, DFG 1, S. 291 (s. Abb.).

28 3.8.1955. UAH, ABF, DFG 1, S. 318.

29 Schreiben vom 30.11.1953. UAH, ABF, DFG 1, S. 344.

30 Antrag Bornkamms an die Akademie am 13.11.1958 und sein Dank an Ritter für dessen Unterstützung am 15.11.1958. IEG, Bestand Alt-Akten Nr. 2: (1938), 1949–88. Bornkamms Antrag findet sich, leicht gekürzt, auch im UAH (HAW 951) sowie in den Akten der Heidelberger Akademie (HAW 5. 3. 43). Wenn die Daten stimmen, wurde die grundsätzliche Bereitschaft der Übernahme der Bucer-Edition bereits einen Tag vor dem Antrag, also am 12.11.1958, ausgesprochen (HAW 5. 3. 43).

schen an der Justus-Liebig-Universität in Gießen wirkte, blieb in Münster lediglich Wilhelm Neuser als Reformationshistoriker.[41]

Mit einer vagen Bezugnahme auf seinen Lehrer Wilhelm Maurer veröffentlichte Gottfried Seebaß 1980 eine große kritische Besprechung der bis dahin erschienenen Bände 1–5 und 7 der Deutschen Schriften Bucers.[42] Die Straßburger sekundierten Stupperich und nannten manche Beanstandungen von Seebaß „übertrieben".[43] Zu Recht konnte Stupperich in seiner Antwort an Seebaß diesem mangelnde Kenntnisse über die Anfänge der Edition vorwerfen.[44] Auf die ausführlich belegten Vorwürfe der widersprüchlichen Behandlung der Texte und ihrer Kommentierung sowie der unverkennbar zutage tretenden „redaktionellen Sorglosigkeit" ging Stupperich allerdings nicht ein.

Im Juli 1983 unterbreiteten de Kroon und Neuser einerseits und andererseits Stupperich dem Sekretar der Heidelberger Akademie die zwischen aufgelaufenen Unstimmigkeiten.[45] Die Komplikationen dauerten an. Im Juli 1987, als der Druck von Band 6/1 gerade begonnen hatte, bemängelten einzelne Mitglieder der Bucer-Kommission sowie die Forschungsstelle entschieden die von Stupperich verfasste Einleitung zur Wittenberger Konkordie, die „einer wissenschaftlichen Kritik in keiner Weise standhalten dürfte".[46] Auf dem Titelblatt des Bandes erschienen dann neben Stupperich die Namen von de Kroon und Hartmut Rudolph. Über den jeweiligen Anteil an der Bearbeitung des Bandes erfuhr der Leser allerdings nichts.

Die Zahl der geplanten Bände der deutschen Reihe wurde schrittweise erweitert. Im Dezember 1965 ging Stupperich von vierzehn Bänden aus, die nun jeweils im Rhythmus von zwei Jahren erscheinen sollten.[47] 1981 sprach Stupperich gegenüber der Heidelberger Akademie von neunzehn Bänden.[48] Im Blick auf ihre Realisierung kann generell das Urteil von Bernd Moeller gelten: „Die Qualität der Texte, die der Band enthält, ist beträchtlich; die Qualität der Edition entspricht dem nur bedingt."[49]

Das von de Kroon in der Forschungsstelle an den Tag gelegte Selbstbewusstsein führte dazu, dass er sich 1987, zusammen mit Herrn Neuser und gefolgt von Hartmut Rudolph, auch mit dem Geschäftsführer der Akademie anlegte.[50] Der Sekretar musste de Kroon darauf hinweisen, dass solche Querelen

41 Vgl. Stupperich an den Sekretar der HAW, 23.3.1981 (HAW 5. 3. 43).
42 Zur Edition der deutschen Schriften von Martin Bucer, in: ThLZ 105 (1980), S. 561–576.
43 So Marc Lienhard auch 2012, wie oben: RHPR 92 (2012), S. 427.
44 Berichtigungen, undatiert (1980/81): HAW 5. 3. 43.
45 Schreiben vom 2.7. bzw. 22.7.1983: HAW 5. 3. 43.
46 Sitzung der Bucer-Kommission am 23.7.1987, TOP 2.d: HAW 5. 3. 43.
47 Schreiben vom 2.12.1965. UAH, ABF, DFG 1, S. 122 (s. Abb.).
48 Schreiben vom 18.5.1981. HAW 5. 3. 43.
49 Rezension zu Band 6/2 in: ARG, Literaturbericht 15 (1986), Nr. 242, S. 45 f.
50 Z.B. am 22.9.1987, 9.10.1987, 26. 10.1987: alle in HAW 5. 3. 43.

„angesichts der Schwierigkeiten, in die das ganze Unternehmen zu kommen droht, nur noch eine sehr untergeordnete Bedeutung“ hätten.[51]

3. Umfassende Veränderungen

Im Zuge der politischen und finanziellen Neuordnung der Zusammenarbeit des Bundes und der Länder im Blick auf die Förderung der Projekte der Wissenschaftlichen Akademien fand 1987 auch eine Überprüfung der von der Heidelberger Akademie getragenen Edition der Deutschen Schriften Martin Bucers statt.[52] Das Ergebnis lautete: Man könne der weiteren Förderung „nicht ohne Einschränkungen“ zustimmen. Die ergänzend mitgeteilten Erläuterungen verwiesen auf das verzögerte Erscheinen der Bände – gerade einmal zehn von angekündigten 18 lägen vor, so dass es wenig wahrscheinlich sei, die noch ausstehenden acht Bände bis 1992, dem Projektende, edieren zu können. Und nach wie vor gebe es keinen klaren Überblick über das unveröffentlichte Material. Als kleiner Lichtblick mochte gelten, dass die Bucer-Kommission jedoch erklären sollte, was der Abbruch der Edition bedeutete.

Der Sekretar der Akademie regte an, die genannten Mängel nicht zu vertuschen. Doch könne von den inzwischen – und zwar schon vor der Stellungnahme der Bund-Länder-Kommission durchgeführten – Reformmaßnahmen bei der Edition berichtet werden sowie von der internationalen Bedeutung dieses Unternehmens. Erstmals wurde hier am Rand auch die Überlegung ausgesprochen, ob eine Transferierung des Bucer-Instituts nach Heidelberg nicht zur Straffung des Unternehmens beitragen würde.

Seebaß informierte die Kommission am 28. November 1988. Zu Recht hob er die Bedeutung seines Einsatzes für den erzielten Kompromiss beim Ministerium in Stuttgart hervor: Das Land Baden-Württemberg habe sich bereit erklärt, die bislang von Nordrhein-Westfalen geleisteten Zahlungen zu übernehmen. Diese Abmachung sollte bis 2008 unter der Voraussetzung gelten, dass die Durchführung des Projekts nicht „in unvertretbarer Weise“ hinter der Planung zurückblieb. Der Preis für dieses Entgegenkommen lautete allerdings: Die Bucer-Forschungsstelle müsse von Münster nach Heidelberg verlegt werden und ein dort tätiger Hochschullehrer die Leitung übernehmen. Alle Hinweise – z.B. auf den dadurch bewirkten Verlust der Kompetenz von Herrn Neuser, die Ungewissheit, ob die eingearbeiteten wissenschaftlichen Mitarbeiter mit umziehen würden und insgesamt die durch eine solche Übersiedlung verursachte Ver-

[51] Schreiben vom 9.11.1987: ebd.

[52] Die folgende Darstellung beruht auf den Akten in HAW 5. 3. 43. Zum genannten Punkt: Bericht des Sekretars an Seebaß, 8.12.1987. Die ergänzenden Mitteilungen tragen dasselbe Datum.

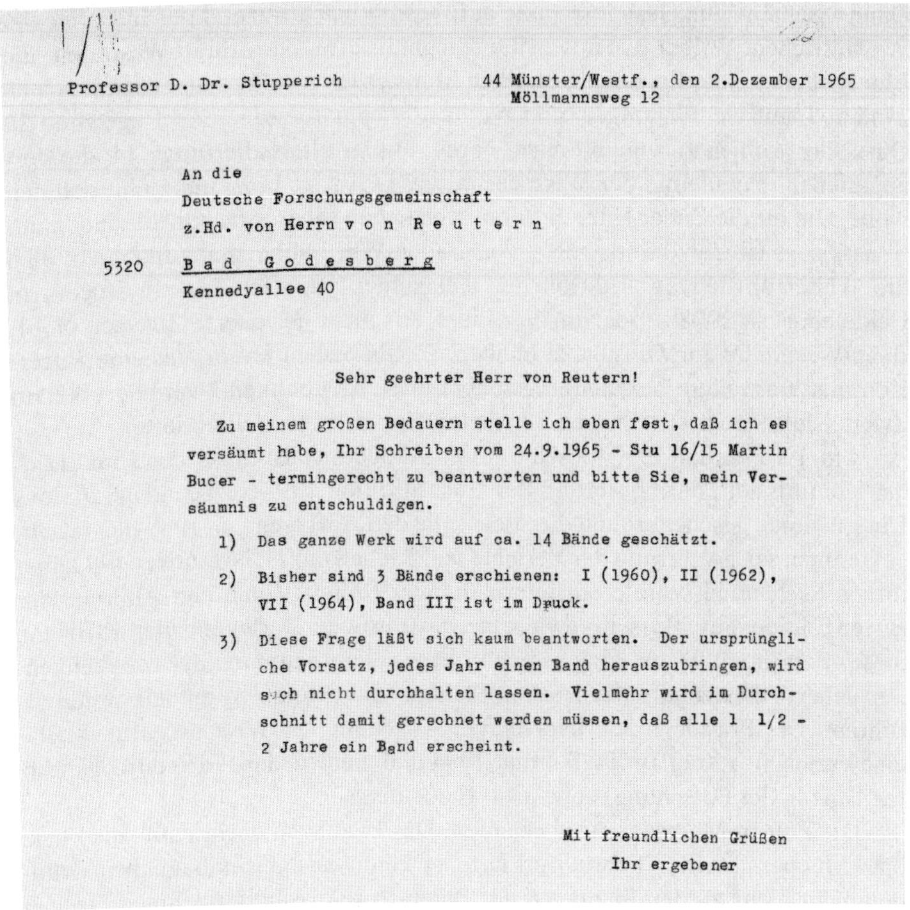

Professor D. Dr. Stupperich 44 Münster/Westf., den 2.Dezember 1965
Möllmannsweg 12

An die
Deutsche Forschungsgemeinschaft
z.Hd. von Herrn v o n R e u t e r n

5320 B a d G o d e s b e r g
Kennedyallee 40

Sehr geehrter Herr von Reutern!

Zu meinem großen Bedauern stelle ich eben fest, daß ich es versäumt habe, Ihr Schreiben vom 24.9.1965 - Stu 16/15 Martin Bucer - termingerecht zu beantworten und bitte Sie, mein Versäumnis zu entschuldigen.

1) Das ganze Werk wird auf ca. 14 Bände geschätzt.

2) Bisher sind 3 Bände erschienen: I (1960), II (1962), VII (1964), Band III ist im Druck.

3) Diese Frage läßt sich kaum beantworten. Der ursprüngliche Vorsatz, jedes Jahr einen Band herauszubringen, wird sich nicht durchhalten lassen. Vielmehr wird im Durchschnitt damit gerechnet werden müssen, daß alle 1 1/2 - 2 Jahre ein Band erscheint.

Mit freundlichen Grüßen
Ihr ergebener

Robert Stupperichs Antwort an die DFG vom 2.12.1965. UAH, ABF, DFG 1, S. 122

zögerung der Edition – fruchteten nichts. Seebaß akzeptierte schließlich die Bedingungen des Ministeriums, um die Fortsetzung der Publikation der Deutschen Werke Martin Bucers zu sichern.

Der Sekretar informierte Neuser am 28. November über diesen Sachverhalt. Am 7. Dezember wurden de Kroon und Rudolph unterrichtet. Beide erklärten am 14. Dezember 1988 mit ausführlichen Begründungen, weshalb sie sich nicht in der Lage sähen, nach Heidelberg umzuziehen. Während die Forschungsstelle darum warb, unterstützt von der Akademie, einen gleitenden Übergang durchzusetzen, möglichst bis 1993, dem Datum der Pensionierung von Herrn de Kroon, beharrte das Ministerium auf der umgehenden Ortsverlagerung, 1989 oder spätestens Ende 1990.

Dann tauchten neue Gesichtspunkte auf. Vermutlich aufgrund der Initiative der Westfälischen Wilhelms-Universität[53] signalisierte Nordrhein-Westfalen die Bereitschaft, an der Forschungsstelle in Münster festzuhalten und dafür auch zu zahlen. Intensive Planungen und Verhandlungen folgten. Die Regierung in Düsseldorf schien zu jenem Schritt bereit, unklar blieb allerdings, ob die dort angesiedelte Akademie der Wissenschaften die Bucer-Forschung übernehmen wolle. Die für die Bucer-Edition Verantwortlichen sahen sich zunehmend in der Situation, entweder das Angebot von Baden-Württemberg anzunehmen, also die Weiterführung der Edition der Deutschen Schriften Martin Bucers in Heidelberg bis 2008 – oder im Vertrauen auf nicht gesicherte Zusagen Nordrhein-Westfalens in Münster zu bleiben. Es überrascht kaum, dass die Bucer-Kommission weitere Verhandlungen über diese Möglichkeit zwar begrüßte, im Zweifelsfall jedoch für das baden-württembergische Modell votierte.

Am 19. Februar 1992 beschloss der Akademieausschuss der Bund-Länder-Kommission, die Förderung der Bucer-Edition 1993 zu beenden: „da das Unternehmen gescheitert und die Akademie den Auflagen von 1988 nicht nachgekommen sei". Aufgrund der Berichte von Seebaß am 11. November 1992 über diesen Sachverhalt wurde ein internationaler Protest gegen den Abbruch der Bucer-Edition beschlossen sowie eine ausführliche Darlegung der Effizienz dieser Forschung. Dabei ging es auch um die Wahrnehmung der Möglichkeit, „in neuer Trägerschaft nach neuer Planung das Projekt eventuell weiterzuführen". Der Präsident der Heidelberger Akademie der Wissenschaften stellte einen solchen Antrag am 14. Februar 1994 und meldete dabei den durchgeführten Umzug der Forschungsstelle nach Heidelberg.

Die Zeit in Münster war abgelaufen. Das kam auch darin zum Ausdruck, dass Stupperich am 5. Februar erklärte, er könne aus gesundheitlichen Gründen nicht mehr an den Sitzungen der Bucer-Kommission teilnehmen. Seebaß dankte ihm am 23. Februar 1994 und würdigte Stupperichs Leistungen für die Edition der Werke Bucers. Diese überstrahlten in hohem Maß alle dagegen vorgebrachte Kritik. Auch seine früher geäußerten Einwände, fuhr Seebaß fort, seien ebenso wie seine weitere Tätigkeit „ausschließlich darauf gerichtet [...], Fortgang und Qualität der Edition sicherzustellen und zu erhalten".

[53] Fälschlich ist mehrfach von der „Friedrich-Wilhelms-Universität Münster" die Rede, z.B. am 16.11.1989.

4. Erfolgreicher Abschluss

Mit der Verlegung der Forschungsstelle von Münster nach Heidelberg Anfang November 1993 war ein wirklicher Neuanfang verbunden. Die langjährigen Mitarbeiter Dr. Marijn de Kroon und Dr. Hartmut Rudolph schieden am 31. August bzw. am 31. März des Jahres aus. In Heidelberg konnten bald gute neue Mitarbeiter gewonnen werden, bis hin zu den gegenwärtig – nun schon seit rund 20 Jahren – tätigen Herren Professor Dr. Thomas Wilhelmi und Dr. Stephen E. Buckwalter. Die Ausstattung der Forschungsstelle wurde Schritt um Schritt verbessert. Um die Publikation zu beschleunigen, fand 2004 eine umfassende Straffung der Editionsgrundsätze statt, verbunden mit der Entscheidung, in Zukunft ganz auf auswärtige Mitarbeiter zu verzichten. Parallel dazu mühten sich die Mitarbeiter weiter um die Sammlung und Sichtung des handschriftlichen Materials. Dass alle diese Anstrengungen Erfolg hatten, lag nicht zuletzt am Engagement von Gottfried Seebaß, der als Leiter der Forschungsstelle, Vorsitzender der Bucer-Kommission sowie als Sekretar der Philosophisch-historischen Klasse der Heidelberger Akademie der Wissenschaften die Edition mit Charme, Entschiedenheit und bisweilen auch harter Hand vorantrieb. Nach seinem krankheitsbedingten Ausscheiden (2006) setzten Christoph Strohm als Leiter der Forschungsstelle und Eike Wolgast als Vorsitzender der Bucer-Kommission diese Arbeit so gründlich wie hingebungsvoll fort. Dazu gehört auch die Begleitung durch die nun regelmäßigen jährlichen Tagungen der Bucer-Kommission. Wissenschaftliche Evaluierungen in den Jahren 2000, 2005 und 2011 sparten nicht mit Lob und betonten, „dass es sich bei dem Vorhaben, seiner Leitung und Betreuung und seinen Mitarbeitern um ein erstklassiges Unternehmen handelt".[54] Elf Bände der Deutschen Schriften Martin Bucers wurden von 1999 bis 2015 in Heidelberg erarbeitet und publiziert. Zwei weitere erstellte Cornelis Augustijn als auswärtiger Mitarbeiter (BDS 9/1 und 9/2, 1995 und 2007). Somit wurden sämtliche Planungen und Vorgaben termingerecht bewältigt.

Die Geschichte der Edition bewegte sich also durch allerlei Täler und manche Höhen. Es leuchtet ein, dass alle Mitwirkende am gelungenen Abschluss des Unternehmens Dankbarkeit, Freude und Stolz über das Erreichte erfüllt. Dankbarkeit gilt nicht zuletzt den vielen Personen, ohne deren Tätigkeit das jetzt erreichte Ziel unerreichbar geblieben wäre. Gleichzeitig mischt sich allerdings auch Beklommenheit in die erhebenden Gefühle: Die Publikation der Deutschen Schriften Martin Bucers ist zunächst einmal abgeschlossen. Doch aus den eingangs erwähnten Gründen der fehlenden systematischen Recherchen dürften sich noch allerlei Texte Bucers entdecken lassen. Die Gesamtaus-

[54] HAW 5. 3. 43.

gabe seiner Werke ist darüber hinaus keineswegs erledigt. Nach wie vor fehlt die wissenschaftliche Bearbeitung der großen lateinischen Kommentare Bucers. Und nach wie vor ist lediglich etwa ein Viertel seiner wichtigen Korrespondenz ediert. Was bleibt? Vielleicht ein „Prinzip Hoffnung“?

Christoph Strohm

Martin Bucer und die südwestdeutsche Reformationsgeschichte

Ein Blick auf die Karte des frühneuzeitlichen Europa illustriert einen Sachverhalt, der infolge späterer politischer Entwicklungen und der Entstehung der Nationalstaaten im 19. Jahrhundert aus dem Blick geraten ist. Anders als heute befand sich der Südwesten in mehrfacher Hinsicht im Zentrum der Geschichte der Frühen Neuzeit. Schon seit der römischen Zeit gab es hier eine vergleichsweise hochentwickelte Infrastruktur. Am Rhein entlang zog sich von Basel über Straßburg nach Norden einer der wichtigsten Handelswege in das mittlere und nördliche Reich.[1] Mit der Erschwerung des Seehandels im östlichen Mittelmeer im Zuge der Ausbreitung des osmanischen Reichs, der Entdeckung des Seewegs nach Indien um Afrika herum und dem Aufstieg der am Atlantik gelegenen Häfen erhöhte sich die Bedeutung dieses Handelsweges, der nach Norden weiter über Köln nach Antwerpen führte. Nicht zuletzt aufgrund der günstigen Lage an einem zentralen Handelsweg gehörte Straßburg zusammen mit Nürnberg, Köln und Augsburg zu den vier größten Städten des Reichs. Im östlich angrenzenden Bereich des Südwestens, in Augsburg, befanden sich die Zentralen der beiden größten Handelsorganisationen der Zeit, der Fugger und der Welser. Die Stadt lag wie Straßburg an einer wichtigen Handelsroute, der alten via imperii, die von Italien über den Brenner nach Nürnberg und von dort weiter gen Norden führte. Neben Straßburg und Augsburg befanden sich im Südwesten zahlreiche weitere Freie Reichsstädte, die wie zum Beispiel Ulm über erhebliche wirtschaftliche Kraft und Wohlstand verfügten. Schließlich war der Südwesten mit seinem Oberzentrum Straßburg auch die „Kontaktregion“ zu Frankreich und in den Südwesten Europas.

Diese knapp skizzierten Beobachtungen legen nahe, dass ein in Straßburg tätiger Reformator wie Martin Bucer naturgemäß auch an anderen Orten des Südwestens an der Einführung und Ausgestaltung der Reformation mitwirkte.

1 Vgl. Bernhard Reichel, Handelswege im Mittelalter und in der frühen Neuzeit. Ihre Sicherung am Beispiel der Frankfurter Messe, in: Patricia Stahl unter Mitarb. v. Roland Hoede u. Dieter Skala (Hg.), Brücke zwischen den Völkern. Zur Geschichte der Frankfurter Messe, Bd. 2: Beiträge zur Geschichte der Frankfurter Messe, Frankfurt a. M. 1991, S. 77–84. Abkürzung: EKO = Die evangelischen Kirchenordnungen des XVI. Jahrhunderts, begründet v. Emil Sehling, hg. v. Gottfried Seebaß und Eike Wolgast, Leipzig 1902–13; Neudr. Aalen 1970/79; Tübingen 1955 ff. [fortlaufend].

Worin diese Mitwirkung bestanden hat, gilt es in Gestalt eines Überblicks vor Augen zu führen. Darüber hinaus soll insbesondere ein bislang zu wenig beachteter Sachverhalt ins Blickfeld gerückt werden: Bucer hat in seiner Tätigkeit als Reformator in südwestdeutschen Reichsstädten und Territorien das reformatorische Profil entwickelt, das ihn zum „dritten deutschen Reformator"[2] nach Luther und Melanchthon werden ließ.

Das wird im Folgenden in drei Gedankengängen erläutert. *Erstens:* Im Zusammenhang der Einführung der Reformation in **Ulm** hat er 1531 (zusammen mit anderen) die erste einer ganzen Reihe von Kirchenordnungen verfasst, die ihn als einen der wichtigsten Reformatoren auf diesem Gebiet erwiesen. Hierbei ging es um die grundlegenden Fragen der Verwendung der Kirchengüter und die rechtliche Regelung von Ehefragen bis hin zur Kirchenzucht. *Zweitens:* Im Zusammenhang der Einführung der Reformation in **Augsburg** hat er Mitte der dreißiger Jahre in mehreren Schriften die Kompetenz obrigkeitlichen Handelns in Religionsangelegenheiten bzw. das Verhältnis von Kirche und Staat erläutert (mit weitreichenden Folgen!). Im Zusammenhang der Einführung und Etablierung der Reformation im **Herzogtum Württemberg** 1534 hat er die Einigungsbemühungen vorangetrieben, die über die Württemberger Konkordie zur Kasseler und dann Wittenberger Konkordie von 1536 führten. Es sind die Wurzeln dieses kirchengeschichtlich wichtigsten Textes zur Versöhnung innerprotestantischer Gegensätze in der spezifischen Situation des Südwestens herauszustellen.

Bevor auf die skizzierten Felder eingegangen wird, seien kurz einige Gedanken zum persönlichen und theologischen Profil des Reformators Bucer vorangestellt sowie eine Übersicht über zeitliche und inhaltliche Schwerpunkte der reformatorischen Tätigkeit Bucers im Südwesten gegeben.

2 Derjenige, der Bucers Bedeutung für die Reformationsgeschichte zum ersten Mal mit der pointierten Rede von ihm als dem „dritten deutschen Reformator" (nach Luther und Melanchthon) ins Bewusstsein gebracht hat, war der Heidelberger Kirchenhistoriker (und zeitweilige Präsident der Heidelberger Akademie der Wissenschaften) Heinrich Bornkamm. Anlässlich der 400. Wiederkehr des Todesjahres Martin Bucers hatte er 1951 bei einem Festakt der Theol. Fakultät der Univ. Heidelberg einen Vortrag über „Martin Bucers Bedeutung für die europäische Reformationsgeschichte" gehalten. Da fehlte die Bezeichnung Bucers als des „dritten deutschen Reformators" noch. Erst in der Neupublikation des Vortrags 1961 erhielt der Vortrag den pointierten Titel „Martin Bucer der dritte deutsche Reformator" (Bornkamm, Martin Bucers Bedeutung für die europäische Reformationsgeschichte, in: SVRG 169, Gütersloh 1952, S. 4–36; in leicht veränderter Fassung mit dem neuen Titel „Martin Bucer, der dritte deutsche Reformator" in die seit 1961 mehrfach neu aufgelegte Aufsatzsammlung *Das Jahrhundert der Reformation* [Neuausg. Frankfurt a. M. 1983, S. 114–145] aufgenommen). Man kann diesen Sachverhalt als eine erste Auswirkung der Arbeit an der Edition der Schriften Martin Bucers deuten.

1. Zu Persönlichkeit und theologischem Profil des Reformators Bucer

Eingangs wurde auf die Stellung Straßburgs als einer Art Oberzentrum im Südwesten hingewiesen. Der Sachverhalt, dass Bucer der führende Reformator dieser Stadt war, ist aber keineswegs der einzige Grund, der zur Erklärung der umfassenden reformatorischen Tätigkeit Bucers im Südwesten heranzuziehen ist. Zu nennen sind auch eine offensichtlich außerordentliche physische Leistungskraft,[3] kommunikative Stärke und ein großes Organisationstalent. Weiterhin scheint sein Modell reformatorischer Theologie besonders gestaltungskräftig gewesen zu sein. Von Anfang an hat er Luthers reformatorischen Aufbruch in einem humanistischen, an der geistigen und sittlichen Bildung des Menschen interessierten Sinn verstanden. Das bedeutete, dass er an den Folgen der Wiederentdeckung des Evangeliums (Wortes Gottes) für die Gestaltung des Lebens der Einzelnen wie auch der **Kirchenordnung und -zucht** in besonderer Weise interessiert war. Auch die Ausbildung der Pfarrer (wie das Bildungswesen insgesamt) war ihm wie Melanchthon ein besonders wichtiges Anliegen.[4]

Ein weiterer Grund für seine Erfolge, aber auch manche Anfeindung beim Engagement für die Ausbreitung der Reformation im Südwesten dürfte sein erasmianisch-reformatorisch begründetes Bemühen um die Relativierung konfessioneller Gegensätze gewesen sein. Bucers reformatorische Theologie stellte das Wirken des Geistes Gottes ins Zentrum, der in der Liebe als der Kraft der Wiederherstellung der gestörten Schöpfung Gestalt gewinnt. Liebe gehört damit konstitutiv zum Wirken des Geistes Gottes. Verketzerung der Andersglaubenden kann sehr leicht ein Mangel an Liebe sein, ohne den aber der Geist Gottes nicht gegenwärtig ist. Solche theologische Grundlegung bot zumindest einen gewissen Schutz vor zu schneller Verketzerung und leitete Bucer bei seinen unablässigen Ausgleichsbemühungen zwischen den unterschiedlichen innerreformatorischen Richtungen. Im Südwesten war diese theologische Grundlegung von besonderem Wert für die Sicherung der Reformation. Denn hier trafen – schon aufgrund der geographischen Lage – früh und in besonderer

3 Martin Greschat hat in seiner Biographie Martin Bucers einmal zusammenzurechnen versucht, wie viele Kilometer Bucer allein in den Jahren 1534 bis 1539 quer durch Deutschland und Europa gereist sein muss. Er ist auf ungefähr 12000, also etwa 2000 Kilometer pro Jahr gekommen (vgl. ders., Martin Bucer. Ein Reformator und seine Zeit 1491–1551, München 1990, S. 141). Wohlgemerkt handelte es sich dabei nicht um Reisen auf – wie uns heute selbstverständlich – gut ausgebauten Straßen, sondern um eine extrem anstrengende Fortbewegung zu Pferde, im Wagen oder zu Fuß, nur zu oft in Schlamm und Dreck auf unbefestigten Wegen und nicht selten auch unter unmittelbarer Bedrohung durch Räuber und sonstige feindlich gesinnte Zeitgenossen.

4 Vgl. Ernst-Wilhelm Kohls, Die Schule bei Martin Bucer in ihrem Verhältnis zu Kirche und Obrigkeit, Heidelberg 1963 (Pädagogische Forschungen, 22); Anton Schindling, Humanistische Hochschule und freie Reichsstadt. Gymnasium und Akademie in Straßburg 1538–1621, Wiesbaden 1977 (VIEG 77), bes. S. 26–33. 341–357.

Intensität wittenbergisch-lutherische und – aus den südlich gelegenen Schweizer Städten Zürich und Basel kommende – zwinglianisch-reformierte Einflüsse aufeinander.

2. Übersicht über zeitliche und inhaltliche Schwerpunkte der reformatorischen Tätigkeit Bucers im Südwesten

Versucht man eine Übersicht über die Bedeutung Bucers für die südwestdeutsche Reformationsgeschichte zu gewinnen, bietet sich zuerst einmal die Klärung der Frage an, welche Bedeutung südwestdeutsche Korrespondenzpartner in seinem Briefwechsel gespielt haben. Bei allen hier nicht weiter zu diskutierenden Unsicherheiten und methodischen Schwierigkeiten (wie zum Beispiel der präzisen Abgrenzung des Raumes „Südwesten des Reichs“ oder auch der Unvollständigkeit des mir vorliegenden Briefwechselverzeichnisses) in der von 1518 bis 1551 dauernden, erhaltenen Korrespondenz lassen sich einige signifikante Beobachtungen machen.[5]

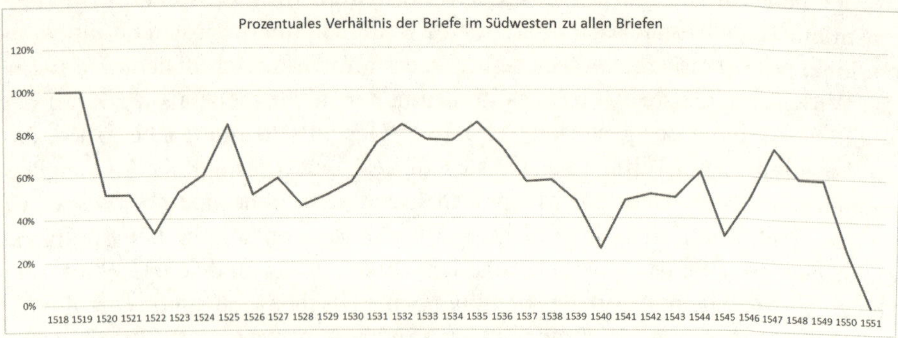

Abb. 1: Prozentuales Verhältnis der mit Korrespondenzpartnern im Südwesten (einschl. angrenzenden Schweizer Orten) gewechselten Briefe

Ein grober Überblick über den Anteil der Briefe mit Korrespondenzpartnern im Südwesten an der Gesamtkorrespondenz ergibt drei signifikante Befunde. *Erstens* war der Radius der Korrespondenz bis Anfang der 1520er Jahre im Wesentlichen auf die Rheinebene mit dem angrenzenden Elsaß begrenzt, abgesehen vom bald beginnenden und sich dann verstärkenden Austausch mit den führen-

[5] Ich danke Herrn stud. theol. Stefan Aderhold für die Erstellung der Übersichten. Grundlagen sind zum einen die bis 1533 vollständig edierte Korrespondenz (BCor) sowie zum anderen das Verzeichnis, das Dr. Christian Krieger in den 1990er Jahren mit Hilfe von Jean Rotts Aufzeichnungen erstellt hat. Es wurde in den vergangenen Jahren in verschiedener Hinsicht, aber ohne Anspruch auf Vollständigkeit ergänzt.

den Reformatoren in Wittenberg und Zürich.[6] *Zweitens* steigt am Ende des Jahres 1530 der prozentuale Anteil deutlich an. In den Jahren 1530 bis 1535/36 ist der geographische Schwerpunkt der Korrespondenz der Südwesten des Reichs mit den angrenzenden Gebieten der Schweiz.[7] Erst durch den Ruf des Landgrafen Philipp von Hessen, der Bucer 1538 in sein Territorium holte, um die gefährlichen Konflikte mit dem sich ausbreitenden Täufertum zu befrieden, änderte sich das. *Drittens* finden sich noch einmal um 1547 herum prozentual gesehen verstärkt südwestdeutsche Korrespondenzpartner. Dies ist Folge der Niederlage der Protestanten im Schmalkaldischen Krieg und der sich anschließenden Auseinandersetzungen um die Einführung des Augsburger Interims in Straßburg und anderen Städten bzw. Territorien des Südwestens.

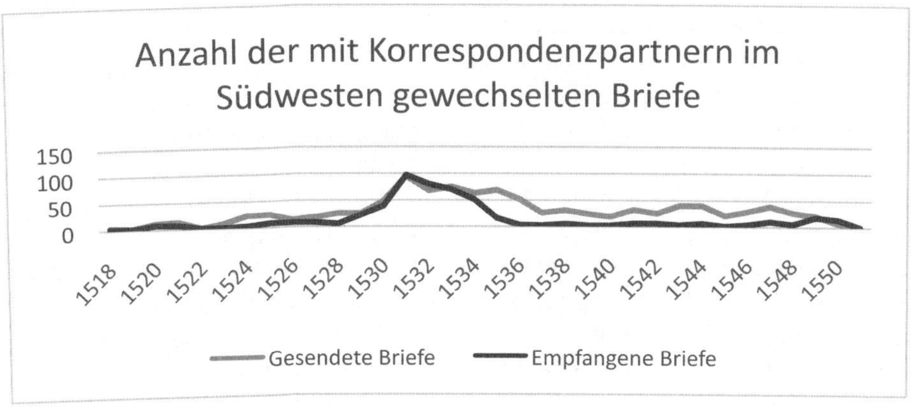

Abb. 2: Anzahl der mit Korrespondenzpartnern im Südwesten (einschl. der angrenzenden Schweizer Orte) gewechselten Briefe

6 Ab 1525 weitete sich der Horizont in andere Gebiete des Südwestens. Briefpartner zum Beispiel in Steinach (Neckarsteinach), Weingarten (Martin Schalling) oder Baden-Baden traten hinzu und der Briefwechsel mit Johannes Brenz in Schwäbisch-Hall begann (vgl. auch die Auflistung der sicher bezeugten, aber verloren gegangenen Briefe in: BCor 2, S. 14f.).

7 Im Zusammenhang des Augsburger Reichstags von 1530 wurde der Züricher Huldrych Zwingli, mit dem Bucer schon seit 1527 einen intensiven Briefwechsel pflegte, für kurze Zeit zum häufigsten Empfänger von Briefen Bucers, gefolgt von Ambrosius Blarer in Konstanz. Blarer, der in seiner Heimatstadt die Reformation im zwinglianischen Sinn einführte, wurde dann für einige Jahre der wichtigste Korrespondenzpartner Bucers, neben den Reformatoren, die in den dem Südwesten des Reichs naheliegenden Städten Basel und Zürich wirkten. Ambrosius Blarer arbeitete mit Bucer bei der Einführung der Reformation in Ulm und anderen Städten des Südwestens eng zusammen (dazu gleich noch mehr). Mitte September 1531 ging er für zehn Monate nach Esslingen, um hier die Reformation einzuführen und zu etablieren. Auch das erfolgte in engem Austausch mit Bucer. Vgl. BCor 7, S. XVI; vgl. auch die instruktive Übersicht und Analyse des Briefwechsels bei: Bernd Moeller, Bucer und die Geschwister Blarer, in: Christian Krieger/Marc Lienhard (Hg.), Martin Bucer and sixteenth century Europe. Actes du colloque de Strasbourg (28–31 août 1991), 2 Bde., Leiden/New York 1993 (SMRT 52f.), Bd. 1, S. 441–450.

Die Übersicht über die absoluten Zahlen der von Bucer gesandten und empfangenen Briefe bestätigen die erhöhte Intensität der Korrespondenz mit Korrespondenzpartnern im Südwesten des Reichs und in der angrenzenden Schweiz in den Jahren 1531 bis 1535. Das beherrschende Thema war der Abendmahlsstreit. Bucer widmete sich seit dem Augsburger Reichstag von 1530 verstärkt der Überwindung der Spaltung zwischen Luther- und Zwingli-Anhängern in der Abendmahlslehre. Gleich nach dem Reichstag besuchte er Ende September 1530 den auf der Veste Coburg ausharrenden Luther, um ihn zu einem Ausgleich, der auf dem Reichstag nicht gelungen war, zu bewegen. In praktisch allen südwestdeutschen Reichsstädten, in denen Bucer an der Einführung der Reformation mitwirkte, stellte der Dissens in der Abendmahlslehre eine schwere Belastung dar. Entsprechend bildete er eines der zentralen Themen des Briefwechsels in der ersten Hälfte der 1530er Jahre.

Da die Korrespondenz zumindest bis Juni 1533 (weitgehend) vollständig erfasst und ediert ist, lassen sich die Orte, in denen sich die Korrespondenzpartner mit den meisten Briefkontakten befinden, relativ zuverlässig ermitteln. Nimmt man als Ausgangspunkt den 30. September 1530, unmittelbar nachdem Bucer Augsburg verlassen und Luther auf der Veste Coburg besucht hatte, kommt man bis 1535 für die wichtigsten Reichsstädte des Südwestens und des angrenzenden Raumes (Schweiz mit Basel und Zürich sowie Augsburg) zu folgendem Befund: Am umfangreichsten ist der Briefwechsel mit Korrespondenzpartnern in Basel, dann folgt Augsburg, anfangs auch Zürich, sowie Konstanz, Ulm und Esslingen. Weitere Städte des Südwestens mit umfangreicherer Korrespondenz waren Memmingen, Biberach und Lindau. Im nördlichen Südwesten war ein Schwerpunkt der Korrespondenz Zweibrücken. Auch die benachbarten Städte St. Gallen und in geringerem Umfang Schaffhausen wären zu nennen.

Mit dem Jahr 1534 ergab sich eine signifikante Veränderung. Im Zuge der Einführung der Reformation durch den wieder eingesetzten Herzog Ulrich in Württemberg wurde Ambrosius Blarer als Reformator nach Tübingen berufen. Jetzt wurde Tübingen zu einem bevorzugten Korrespondenzort. Die Neuordnung der Universität Tübingen und insbesondere der Theologischen Fakultät kann man, wie die Briefe zeigen, „beinahe für ein Gemeinschaftswerk Blarers und Bucers halten".[8] Die umfangreiche reformatorische Tätigkeit Blarers in Tübingen und anderen Städten Württembergs ist kaum ohne den ständigen Austausch mit Bucer, dessen Initiativen, kompetente Lageeinschätzungen und Ratschläge denkbar.[9] Im Zusammenhang der Vorbereitungen der Wittenberger Konkordie von 1536 kam es dann zu einem erheblichen Dissens, so dass ihre bis dahin so intensive briefliche Kommunikation weitgehend abgebrochen ist. Mit der Berufung

[8] Moeller, Bucer und die Geschwister Blarer (s. Anm. 7), S. 448.
[9] Vgl. ebd.

nach Hessen im Jahr 1537, wo Landgraf Philipp mit Bucers Hilfe eine Lösung der Konflikte mit dem sich ausbreitenden Täufertum zu erreichen suchte, traten – wie gesagt – andere Schwerpunkte seines Wirkens in den Vordergrund.

Neben der Korrespondenz geben auch einige längere mehrwöchige oder mehrmonatige Reisen des Straßburger Reformators Hinweise auf seine Mitwirkung an der Einführung und Konsolidierung der Reformation im Südwesten. Im Oktober 1530 begab sich Bucer auf eine Reise durch Süddeutschland und die angrenzende Schweiz, um für seine Vermittlungsbemühungen in der Abendmahlsfrage nach dem Augsburger Reichstag zu werben. Stationen waren Ulm, Memmingen, Isny, Lindau und Konstanz sowie Basel und Zürich.[10] Im Sommer 1531 weilte er für mehrere Monate in Ulm.[11] Im April und Mai 1533 machte sich Bucer erneut auf die Reise durch Süddeutschland und die angrenzende Schweiz, diesmal um für den Nürnberger Anstand von 1532 zu werben. Dabei besuchte er Basel, Schaffhausen, Diessenhofen, Konstanz, Bischofszell, St. Gallen, Zürich und auch Bern.[12] Nach der Wiedereinsetzung Herzog Ulrichs in sein Herzogtum Württemberg im Jahr 1534 reiste er unter anderem nach Stuttgart und unterstützte den in Tübingen als Reformator tätigen Freund Ambrosius Blarer.

Die Ausgabe der Deutschen Schriften Martin Bucers präsentiert nun einen großen Teil der Texte, die in unmittelbarem Zusammenhang mit der Einführung der Reformation an verschiedenen Orten des Südwestens entstanden sind.

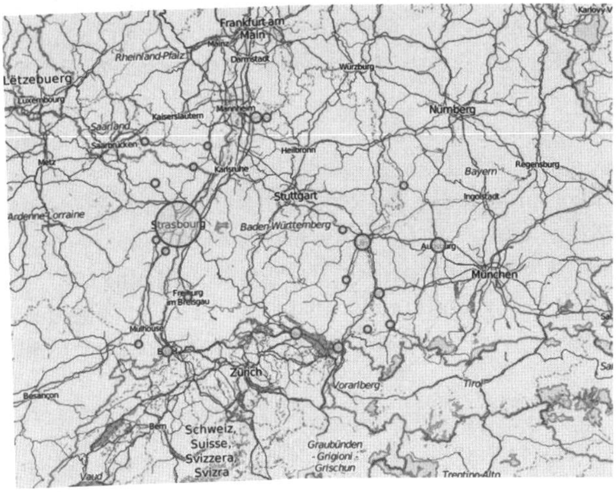

Abb. 3: Übersicht über die Orte im Südwesten, auf die in BDS abgedruckte Schriften bezogen sind[13]

10 Vgl. Greschat, Bucer (s. Anm. 3), S. 107.
11 Vgl. ebd., S. 117–122.
12 Vgl. ebd., S. 111.
13 Ich danke Herrn Daniel Degen für die Erstellung der Übersicht.

Sieht man einmal von Straßburg ab, auf das sich natürlich die größte Zahl an Texten bezieht, sind besonders viele Schriften mit konkretem Bezug auf Ulm (14) und Augsburg (11) in BDS abgedruckt. Mit deutlichem Abstand folgen Konstanz (6), Basel (5), Memmingen (4) und Lindau (4) sowie Kempten (2), Neckarsteinach (2), Benfeld, Biberach, Breisgau, Isny, Landau, Nördlingen, Oberehnheim (Obernai), Tübingen, Weißenburg, Zweibrücken und das Sundgau (je 1).

3. Ulm 1531: Bucers erste Kirchenordnung

Es ist hier nicht der Ort, die Einführung der Reformation in Ulm noch einmal nachzuzeichnen.[14] Vielmehr soll es allein darum gehen, Bucers spezifischen Beitrag dabei herauszuarbeiten. Ulm war neben Straßburg die bedeutendste und wohlhabendste Reichsstadt der Region. Traditionell bestand ein enger Austausch der beiden Reichsstädte Straßburg und Ulm. Die Nähe des übermächtigen, bis 1534 habsburgischen Württemberg verstärkte das Bestreben der Ulmer, mit Straßburg zusammenzuarbeiten.

Schon früh gab es in Ulm reformatorische Bestrebungen und bereits im Jahr 1524 kam es zu einem Kanzelstreit zwischen dem Dominikaner Peter Hutz und dem zwinglianisch gesinnten Frühprediger Konrad Sam. Auf Druck evangelisch gesinnter Bürger bat der Rat der Stadt Ulm die befreundeten Reichsstädte Nürnberg und Straßburg um Ratschlag. Das Gutachten der Straßburger Theologen aus dem Jahr 1528, an dem Bucer eventuell bereits mitgewirkt hat, riet zu einem restriktiven Kurs gegenüber dem Dominikanerkloster.[15]

Die traditionell engen Beziehungen der beiden Reichsstädte, aber auch die rasche Konsolidierung der Reformation in Straßburg, an der Bucer einen großen Anteil hatte, legten nahe, dass dem Straßburger Reformator schnell eine führende Rolle bei der Einführung der Reformation in Ulm zukam.[16] Die entscheidenden Schritte erfolgten erst im Anschluss an den Augsburger Reichstag 1530.

[14] Vgl. Julius Endriß, Das Ulmer Reformationsjahr 1531 in seinen entscheidenden Vorgängen, Ulm ^{2}1931; ders., Die Abstimmung der Ulmer Bürgerschaft im November 1530, Ulm o.J. [1931]; Hans Eugen Specker/Gebhard Weig (Hg.), Die Einführung der Reformation in Ulm, Stuttgart 1981 (Forschungen zur Geschichte der Stadt Ulm, Reihe Dokumentation, 2); Greschat, Bucer (s. Anm. 3), S. 117–122; Sabine Arend, Einleitung zur Ulmer Kirchenordnung, in: EKO 17/2, S. 61–72.

[15] Abgedr. in: BDS 4, S. 519–535; zur möglichen Beteiligung Bucers vgl. BDS 5, S. 518.

[16] Vgl. Ernst-Wilhelm Kohls, Einleitung, in: BDS 4, S. 185–211; vgl. auch Sabine Arend, Martin Bucer und die Ordnung der Reformation in Ulm 1531, in: Wolfgang Simon (Hg.), Martin Bucer zwischen den Reichstagen von Augsburg (1530) und Regensburg (1532). Beiträge zu einer Geographie, Theologie und Prosopographie der Reformation (SMHR 55), Tübingen 2011, S. 63–79; weitere Literaturtitel unten Anm. 19.

Nun schien eine Entscheidung notwendig, um nicht zwischen den Fronten zerrieben zu werden. Eine Abstimmung der Ulmer Zunftherren vom 3. bis 8. November 1530 ergab eine überwältigende Mehrheit für die Einführung der Reformation.[17] Ein vom Magistrat eingesetztes Gremium veranlasste, dass der Ulmer Rat in Straßburg, Basel und Konstanz darum bat, die dort tätigen Theologen Bucer, Johannes Oekolampad und Ambrosius Blarer eine Zeitlang zur Unterstützung nach Ulm zu senden. Die drei trafen am 21. Mai 1531 in Ulm ein und begannen sogleich mit der Arbeit. Neben der dringend notwendigen Einstellung fähiger reformatorisch gesinnter Pfarrer, der Abschaffung der Messe und der Auseinandersetzung mit den zahlreichen in der Stadt befindlichen Täufern brachten die drei Theologen eine umfassende Kirchenordnung auf den Weg.

Als Hauptverfasser dieser Ulmer Kirchenordnung von 1531[18] gilt mit guten Gründen Martin Bucer.[19] Ich zitiere den Bearbeiter der Edition der Ulmer Kirchenordnung im vierten Band unserer Ausgabe, Ernst-Wilhelm Kohls: „Beim Werk der Beratungen und Entwürfe zur Ulmer Kirchenordnung während der Zeit vom 21. Mai bis zum 30. Juni 1531 läßt sich unter allen Mitarbeitern die maßgebliche und überragende Rolle Martin Bucers nicht übersehen. Er ist als der eigentliche Schöpfer der Ulmer Kirchenordnung zu bezeichnen, [...].“[20]

Diese Kirchenordnung ist die erste von mehreren aus seiner Feder stammenden Kirchenordnungen. 1534 folgte die Straßburger Kirchenordnung,[21] 1537 die Augsburger.[22] Nachdem Landgraf Philipp von Hessen ihn in sein Ter-

17 Vgl. genauer EKO 17/2, S. 66 (mit Literatur).

18 Abgedr. in: BDS 4, S. 212–272; ebenso in: EKO 17/2, S. 124–162; vgl. auch Bucers Entwurf zur Ulmer Kirchenordnung und zu den 18 Artikeln, in: BDS 4, S. 374–398.

19 Vgl. BDS 4, S. 209; Gustav Anrich, Die Ulmer Kirchenordnung von 1531, in: BWKG 34 (1930), S. 95–107; Ernst Wilhelm Kohls, Ein Abschnitt aus Martin Bucers Entwurf für die Ulmer Kirchenordnung vom Jahr 1531, in: BWKG 60/61 (1960/61), S. 177–213; Martin Brecht, Die Ulmer Kirchenordnung von 1531, die Basler Reformationsordnung von 1529 und die Münsteraner Zuchtordnung von 1533, in: Wilfried Ehbrecht / Heinz Schilling (Hg.), Niederlande und Nordwestdeutschland. Studien zur Regional- und Stadtgeschichte Nordwestkontinentaleuropas im Mittelalter und in der Neuzeit. Franz Petri zum 80. Geburtstag, Köln/Weimar/Wien 1983 (Städteforschung, A15), S. 154–163; Arend, Einleitung (s. Anm. 14), S. 68–71; dies., Martin Bucer (s. Anm. 16), S. 72–78; vgl. ferner den Überblick zu Kirchenordnung und Kirchenzucht in Württemberg bei: Martin Brecht, Die Ordnung der Württembergischen Kirche im Zeitalter der Reformation, in: ders., Kirchenordnung und Kirchenzucht in Württemberg vom 16. bis zum 18. Jahrhundert, Stuttgart 1967 (Quellen und Forschungen zur Württembergischen Kirchengeschichte, 1), S. 9–52.

20 BDS 4, S. 209.

21 Abgedr. in: BDS 5, S. 17–41; EKO 20/1, S. 230–245.

22 Abgedr. in: EKO 12/2, S. 50–66; BDS 16, S. 209–268; zu Bucers Anteil an der ältesten Augsburger Kirchenordnung von 1537 vgl. Gottfried Seebaß, Die Augsburger Kirchenordnung von 1537 in ihrem historischen und theologischen Zusammenhang, in: Reinhard Schwarz (Hg.), Die Augsburger Kirchenordnung von 1537 und ihr Umfeld. Wissenschaftliches Kolloquium, Gütersloh 1988 (SVRG 196), S. 33–58; Marijn de Kroon, Die Augsburger Reformation in der Korrespondenz des Straßburger Reformators Martin Bucer unter besonderer Berücksichtigung des Briefwechsels Gereon Sailers, ebd., S. 59–90; Sabine Arend, Zur Auffindung der ältesten

ritorium gerufen hatte, um den Konflikt mit den Täufern zu entschärfen, entstanden 1539 die Ziegenhainer Zuchtordnung und die Kasseler Kirchenordnung.[23] 1543 folgte das zusammen mit Melanchthon erarbeitete „Einfältige Bedenken", eine Kirchenordnung, die auf Veranlassung Erzbischof Hermann von Wieds eine moderate Reformation des Erzbistums Köln und damit des ersten geistlichen Kurfürstentums gestalten sollte.[24]

In dem betreffenden Band der Edition der Deutschen Schriften Martin Bucers werden auch weitere Texte ediert, die im Zuge der Einführung der Reformation in Ulm entstanden sind. Bucers Anteil an der Kirchenordnung, sein Vorentwurf,[25] sowie das von ihm verfasste Schreiben, in dem die Einführung der Reformation in Ulm verteidigt wurde,[26] werden erläutert bzw. wiedergegeben.[27] Darüber hinausgehend hat Sabine Arend in der Ausgabe im Rahmen der Edition der Evangelischen Kirchenordnungen wichtige Abweichungen des von Bucer erstellten Entwurfs in den Fußnoten vermerkt.[28] Die Ordnung ist, wie Martin Brecht nachgewiesen hat, nicht nur in benachbarten Reichsstädten wie Esslingen, Biberach und Ravensburg wirksam geworden, sondern auch in der Münsteraner Zuchtordnung von 1533 aufgenommen worden.[29]

Was ist das Spezifische der Ulmer Kirchenordnung Martin Bucers, insbesondere im Vergleich zur Wittenberger Kirchenordnungstätigkeit? Melanchthon hatte hier kurz vorher mit seinem *Unterricht der Visitatorn* von 1528 den grund-

Augsburger Kirchenordnung von 1534. Mit einer Edition der Handschrift, in: ARG 97 (2006), S. 6–27, hier: S. 17–19. Stephen E. Buckwalter hat eine weitere Fassung einer Augsburger Kirchenordnung aufgefunden und durch die Analyse den von Arend angenommenen Zusammenhang der beiden Kirchenordnungen von 1534 und 1537 belegt (vgl. ders., Eine unbekannte Augsburger Kirchenordnung [1535–1536?], in: Sabine Arend/Gerald Dörner [Hg.], Ordnungen für die Kirche – Wirkungen auf die Welt. Evangelische Kirchenordnungen des 16. Jahrhunderts, Tübingen 2015 [Spätmittelalter, Humanismus, Reformation, 84], S. 125–135).

23 Abgedr. in: BDS 7, S. 247–278. 279–318; EKO 8, S. 101–112. 113–130.

24 Abgedr. in: BDS 11/1, S. 147–432; vgl. Mechthild Köhn, Martin Bucers Entwurf einer Reformation des Erzstiftes Köln. Untersuchung der Entstehungsgeschichte und der Theologie des „Einfaltigen Bedenckens" von 1543, Witten 1966 (UKG 2).

25 Entwurf zur Ulmer Kirchenordnung und zu den 18 Artikeln, Mai/Juni 1531, BDS 4, S. 374–398; vgl. auch Kohls, Abschnitt (s. Anm. 19).

26 Gemain außschreiben und entschuldigung ayns Erbarn Raths der Statt Ulm, 31.7.1531, BDS 4, S. 273–304.

27 Vgl. das Gutachten „Christennlich Leeren, Cermonien vnnd leben", [Juni 1531], BDS 2, S. 415–419 [Auszüge]; Gutachten der Straßburger Prediger für den Ulmer Rat. Der Prediger alhie Bedencken, 2. September 1531, BDS 16, S. 15–42; Vorbericht der Straßburger Prediger nach Ulm [August/September 1529], BDS 4, S. 365–373; BDS 7, S. 507–509; s. auch unten Anm. 34.

28 Vgl. auch die einleitenden Bemerkungen in: EKO 17/2, S. 68–71; vgl. ferner Arend, Bucer und die Ordnung (s. Anm. 16), S. 74–78.

29 So ist hier die Vorrede der Ulmer Kirchenordnung nahezu unverändert übernommen, und einige Abschnitte zur Kirchen- und Sittenzucht bildeten die Vorlage (vgl. Brecht, Ulmer Kirchenordnung [s. Anm. 19], S. 158–163).

legenden Text vorgelegt.[30] Johannes Bugenhagen hat davon ausgehend eine umfassende Kirchenordnungstätigkeit in Norddeutschland und weit darüber hinaus entfaltet.[31] Der Sachverhalt, dass die weltliche Obrigkeit – ganz im Gegensatz zum kanonischen Recht – eine Kirchenordnung erlässt, muss als erste grundlegende Gemeinsamkeit hervorgehoben werden. Die behandelten Themen sind grundsätzlich ähnlich. Es wird die Lehre dargelegt, dann folgt die Behandlung des Predigtamts und der Organisation des Schulwesens sowie alle möglichen äußeren Riten und Zeremonien, Umgang mit Bildern, Ehefragen und schließlich sehr ausführlich Fragen der Kirchen- und Sittenzucht.

Spezifisch im Vergleich zu den Wittenberger Ordnungen ist zum einen die an der Confessio Tetrapolitana, nicht der Confessio Augustana orientierte Abendmahlslehre und -praxis,[32] zum anderen die Forderung der konsequenten Abschaffung der Bilder in den Kirchen,[33] ferner die vergleichsweise ausführliche Behandlung von Ehefragen, zu denen sich Bucer ausgesprochen profiliert geäußert hat (wie der 2001 erschienene Band 10 der BDS mit einschlägigen Texten zum Thema nun eindrücklich zeigt)[34]; und schließlich ist die außerordentlich umfangreiche Behandlung von Fragen der Kirchen- und Sittenzucht ein Spezifikum der Ulmer Kirchenordnung im Vergleich zu den im Umkreis Luthers entstandenen Kirchenordnungen. Diese ausführliche und konzentrierte Behandlung der Kirchen- und Sittenzucht findet sich bereits in Bucers Entwurf der Ordnung sowie in einer Teilfassung, die er dem Straßburger Rat zugesandt hat.[35]

Das Spezifische wird auch schon in dem bezeichnenden Titel der Ordnung sichtbar: „Ordnung, die ain Ersamer Rath der Statt Ulm in abstellung hergeprachter etlicher mißpreuch in irer Stat und gepietten zu halten fürgenommen,

30 Philipp Melanchthon, Unterricht der Visitatorn an die Pfarhern ym Kurfurstenthum zu Sachssen [1528], in: Robert Stupperich (Hg.), Melanchthons Werke in Auswahl, Bd. 1, Gütersloh 1951, S. 215–271.

31 Vgl. bes. die Braunschweigische Kirchenordnung von 1528 (abgedr. in: EKO 6/1, S. 348–455); die Kirchenordnung für die Grafschaft Ostfriesland von 1529 (abgedr. in: EKO 7/1, S. 360–372) und die Kirchenordnung für die Stadt Göttingen (abgedr. in: EKO 6/2, S. 906–918). Eine knappe Übersicht über die bedeutendsten Territorial-Kirchenordnungen im Reich und ihre gegenseitigen Abhängigkeiten bietet: Anneliese Sprengler-Ruppenthal, Art. Kirchenordnungen, II. Evangelische, in: TRE 18, Berlin/New York 1989, S. 670–707, Z. 683–686.

32 Vgl. BDS 4, S. 221 f. 243–245; vgl. auch Kohls, in: BDS 4, S. 195.

33 Vgl. BDS 4, S. 222. 246–248.

34 Vgl. BDS 10; vgl. auch Herman J. Selderhuis, Marriage and Divorce in the Thought of Martin Bucer, Kirksville, Mo. 1999 (SCES 48). Abgesehen von den eherechtlichen Bestimmungen in der Kirchenordnung und einer Agende („Handbüchlein") verfasste Bucer später auf Bitten des Ulmer Rates noch zwei Gutachten zu Ehefragen (ediert in: BDS 10, S. 77–94. 98–102; zur Vorgeschichte vgl. ebd., S. 69–76. 95–97). Bucer hat für den Ulmer Rat insgesamt vier Ehegutachten geschrieben, darunter das umfangreichste überhaupt von ihm in dieser Sache verfasste: Von der Ehe und Ehescheidung aus göttlichem und kaiserlichem Recht, BDS 10, S. 163–404; vgl. auch Arend, Bucer und die Ordnung (s. Anm. 16), S. 71 f. 78.

35 Vgl. dazu eingehend Kohls, Abschnitt (s. Anm. 19).

wie alle sündtliche, widerchristliche laster (Gott dem allmechtigen zu lob, auch zu Braiterung der liebe des nechsten) abgewendt, vermiten und wie die ubertretter derselben gestrafft und gepüßt werden söllen".

Die lebensverändernden Folgen der wiederentdeckten rechten Evangeliumsverkündigung sind das ureigene Anliegen des humanistisch geprägten Reformators Bucer.[36] Die Ulmer Kirchenordnung zeigt, wie Bucer das zusammen mit Blarer und Oekolampad – unter Rückgriff auf vorliegende Texte[37] – umzusetzen sucht. Insbesondere Oekolampads Basler Kirchenordnung von 1529[38] ist nachweislich aufgenommen und verarbeitet.[39] Bucer hat sich an Oekolampads Forderung/Intention, die Kirchenzucht als eine Angelegenheit kirchlicher Instanzen (und nicht des Rats) zu behandeln, orientiert.[40] Zugleich hat er auch der gegenteiligen Position Zwinglis, welche die Sittenzucht als eine Angelegenheit der christlichen Obrigkeit betrachtet, ein gewisses Recht zugestanden. Denn Oekolampad gegenüber hat er 1530 die kritische Rückfrage formuliert, dass eine eigenständige Handhabung einer kirchlichen Zucht die Autorität des Staa-

[36] Kohls hat auf Parallelen zu einem der frühesten Texte Bucers hingewiesen (vgl. aaO., S. 190f.; Bucer, Grund und ursach, 1524, BDS 1, S. 185–278, hier: S. 245f. 254). Vgl. auch Amy Nelson Burnett, The Yoke of Christ. Martin Bucer and Christian Discipline, Kirksville, Mo. 1994 (SCES 26).

[37] Zu nennen sind die maßgeblich von Ambrosius Blarer verfassten Memminger Artikel vom 26. Februar 1531 (abgedr. in: Tobias Ludwig Ulrich Jäger, Etliche Artikel Christliche Ordnung betreffend, auf dem Tag zu Memmingen beschlossen den 26. Febr. 1531, in: Juristisches Magazin für die deutschen Reichsstädte 2 [1791], S. 436–488) sowie die ebenfalls von ihm entworfene Konstanzer Zuchtordnung von 1531 (abgedr. in: EKO 17/1, S. 384–409).

[38] Ordnung so ain ersame statt Basel den ersten tag Apprilis in irer Statt vnd Landtschafft fürohin zehalten erkann. Darinnen / wie die verworffene myßbreüch / mit warem Gottesdienst ersetzt. Auch wie die Laster / so Christlicher dapfferkait vnerträglich / Gott zu lob /abgestelt /vnnd gestrafft werden sollen / vergriffen ist, s.l. [Basel] 1529; gekürzt wiederabgedr. in: Ernst Staehelin (Hg.), Das Buch der Basler Reformation. Zu ihrem vierhundertjährigen Jubiläum im Namen der evangelischen Kirchen von Stadt und Landschaft Basel, Basel 1929, S. 192–213.

[39] Vgl. Kohls, Abschnitt (s. Anm. 19), S. 194: „Und schon das Ulmer Gutachten, das Bucers nächstfolgende Äußerung zur Frage des Banns darstellt, zeigt nun in der Tat unverkennbar den Einfluß der Anschauungen Oekolampads: Die Auswahl *acht bewerter, frommer, gotsforchtiger, verstendiger, eyfriger menner* als *diener christlicher zucht* in jeder Gemeinde, der Inhalt und die Reihenfolge des Bannverzeichnisses selbst und der Ablauf der Vermahnung bis hin zur etwaigen Bannung und Lösung haben ihre Parallele in der maßgeblich von Oekolampad verfaßten Baseler Kirchenordnung vom Jahre 1529 und in den Vorschlägen, die Oekolampad noch daranach zur Bannfrage entworfen hat." Eine Gegenüberstellung von Ulmer und Basler Kirchenordnung findet sich in: Endriß, Reformationsjahr (s. Anm. 14), S. 88–92; vgl. auch Kohls, in: BDS 4, S. 197; Brecht, Ulmer Kirchenordnung (s. Anm. 19), S. 154–163; Andreas Gäumann, Reich Christi und Obrigkeit. Eine Studie zum reformatorischen Denken und Handeln Martin Bucers, Bern u.a. 2001 (ZBRG 20), S. 426–429.

[40] Zu Oekolampads Kirchenzuchtverständnis und der wirkungsreichen „Oratio de reducenda excommunicatione" von 1530 (s. unten Anm. 41), in der Oekolampad dieses vor dem Rat der Stadt Basel darlegte, vgl. Olaf Kuhr, „Die Macht des Bannes und der Buße". Kirchenzucht und Erneuerung der Kirche bei Johannes Oekolampad (1482–1531) (Basler und Berner Studien zur historischen und systematischen Theologie, 68), Basel u.a. 1999; vgl. auch Christoph Strohm, Eigenart und Aktualität der Basler Reformation, in: ThZ 60 (2004), S. 214–227.

tes schwächen könnte.[41] In der Arbeit an der Ulmer Kirchenordnung findet sich der Niederschlag des Ringens mit dem Ulmer Rat, der die von Bucer, Oekolampad und Blarer vorgeschlagene eigenständige kirchliche Zucht nicht akzeptiert und stattdessen die Kompetenz des Rates in dieser Sache betont hat.[42] In der Ziegenhainer Zuchtordnung und der Kasseler Kirchenordnung von 1539 hat Bucer sein Anliegen dann profilierter entfaltet.[43]

Das folgende Urteil über die Bedeutung der reformatorischen Tätigkeit im Südwesten für Bucers reformatorisches Werk insgesamt, das der Bearbeiter der Texte in BDS formuliert hat, trifft m.E. genau den Punkt: „*Hier in Ulm hat sich Bucer erstmals als einer der maßgeblichen Theoretiker evangelischer Kirchenordnung unter den Reformatoren des 16. Jahrhunderts – neben Johannes Bugenhagen in Wittenberg – gezeigt.*“[44]

Ein Sachverhalt ist an dieser Stelle nachzutragen. Ein wesentlicher Teil der Tätigkeit im Bereich der Kirchenordnung ist die Frage des Umgangs mit den Kirchengütern. Es war das große, in der theologiegeschichtlich dominierten Reformationsforschung immer unterschätzte Thema der Einführung und Etablierung der Reformation, wie man die umfangreichen Ressourcen des Kirchen-

41 Bucer hatte sich am 14. und 15. Oktober 1530 im Rahmen seiner Bemühungen um eine Abendmahlskonkordie in Basel aufgehalten und dabei mit Oekolampad über die Bannfrage gesprochen. Kohls hat die entsprechende Passage aus Bucers am 19. Oktober 1530 an Zwingli gesandtem Bericht wiedergegeben: „*Basileae cum Oecolampadio de excommunicatione sua contuli, quam probari per omnia cum tibi tum aliis quibusdam, qui secus sentiunt, gloriabatur. Ego autem reputata delingenter mecum, quae tu dicebas, nec inventio, quanam ratione possit eiusmodi iudicium ecclesiasticum institui, ut non impediat alicubi magistratum Christianum, etiam si nihil turbet ob imperitiam ecclesiastarum […]*“ (Huldrych Zwingli, Sämtliche Werke, hg. v. Emil Egli et al., 14 Bde., Berlin/Leipzig/Zürich 1905–91 [CR 88–101], Bd. 11, Nr. 1118, S. 199; vgl. Kohls, Abschnitt [s. Anm. 19], S. 193). Wie wichtig die Beschäftigung mit den unterschiedlichen Positionen Zwinglis und Oekolampads in der Kirchenzuchtfrage für Bucer gewesen ist, zeigt der Sachverhalt, dass er im März 1536 ein Geleitwort zur Publikation des Briefwechsels Zwinglis und Oekolampads verfasst hat (abgedr. in: BDS 6/1, S. 97–100). In dem Briefwechsel ist unter anderem Oekolampads wirkungsreiche Rede über die Kirchenzucht vor dem Rat abgedruckt: DD Ioannis Oecolampadii et Hvldrichi Zvinglii epistolarvm libri qvatvor, praecipva cvm religionis a Christo nobis traditae capita, tum Ecclesiasticae administrationis officia, nostro maxime seculo, tot hactenus erroribus perturbato, conuenientia, ad amussim exprimentes. […] per Theodorvm Bibliandrum, Basel 1536; darin: Oratio de reducenda excommunicatione, ebd., f. 42ʳ-46ʳ [Ausg. s.d. (1592), S. 193–210]. Die Themen „Kirchenzucht“ und „Bann“ werden in den in dem Band abgedruckten Briefen Oekolampads mehrfach erörtert. Die Rede ist wiederabgedr. in: Ernst Staehelin (Bearb.), Briefe und Akten zum Leben Oekolampads, 2 Bde., Leipzig 1927/34 (QFRG 10. 19), Bd. 2, S. 448–461.

42 Die Entwicklung hin zu einer Betonung des eigenständig-kirchlichen Charakters der Zucht bei Bucer dürfte gerade im Zusammenhang der Ulmer Tätigkeit so vorangeschritten sein, dass sie nun – spätestens in der Straßburger Kirchenordnung von 1534 – zu einem vorläufigen Abschluss gekommen ist.

43 Vgl. bes. Bucer, Ziegenhainer Zuchtordnung, 1539, BDS 7, S. 261. 265. 272; ders., Von der waren Seelsorge, 1538, BDS 7, S. 93. 105. 125. 201; weitere Belege in: BDS 7, S. 79f. 252–256.

44 Kohls, in: BDS 4, S. 185.

und Klosterbesitzes sinnvoll und bestimmungsgemäß für pastorale, kirchliche, soziale Aufgaben und vor allem auch die Ausgestaltung des Schulwesens zu nutzen hatte. Bucer ist hier mit zahlreichen einschlägigen Gutachten und Stellungnahmen hervorgetreten und zum vielgefragten Ratgeber geworden. Es ist wohl nicht als zu starkes Urteil formuliert, wenn man sagt, dass kein anderer Reformator der ersten Generation auf diesem Gebiet Gleiches geleitet hat. Der von Stephen Buckwalter bearbeitete, 2007 erschienene Band der BDS, in dem die einschlägigen Texte ediert sind, spricht dafür.[45]

4. Augsburg 1534/35: Klärung der Kompetenz der weltlichen Obrigkeit in Religionsangelegenheiten

Nach Ulm (mit 14 Schriften) ist Augsburg (mit 11 Schriften) die Stadt, auf die sich die meisten der in unserer Edition abgedruckten Schriften beziehen (natürlich abgesehen von Straßburg!).[46] Auch der Briefwechsel Anfang der dreißiger Jahre zeigt Bucers intensives Bemühen um den Fortgang und die Sicherung der Reformation in Augsburg. Die Editoren des Bucer-Briefwechsels haben im Jahr 2010 eine Tagung in Erlangen veranstaltet, an der auch die Mitarbeiter der Heidelberger Edition der Schriften Martin Bucers mitgewirkt haben.[47] Reinhold Friedrich hat hier Bucers Verhältnis zu den Augsburger Predigern anhand des umfangreichen Briefwechsels Anfang der dreißiger Jahre dargestellt.[48] Zuvor hatte schon Gottfried Seebaß dem Verhältnis Bucers zur Reichsstadt Augsburg einen eigenen Beitrag gewidmet und dessen Aufenthalte in der Stadt rekonstruiert.[49]

In der Handelsmetropole, die auch ein Zentrum der Wissenschaften, der Künste und des Drucks war, breitete sich früh reformatorisches Gedankengut aus. Ende der zwanziger Jahre waren die reformatorisch Gesinnten jedoch heillos zerstritten. Neben Anhängern Luthers gab es auch an Zwingli Orientierte sowie Täufer und Anhänger des Spiritualisten Kaspar von Schwenckfeld. Angesichts der fortbestehenden Präsenz der Altgläubigen, die nicht nur den Bi-

[45] Vgl. BDS 12; vgl. Gottfried Seebaß, Martin Bucers Beitrag zu den Diskussionen über die Verwendung der Kirchengüter, in: Christoph Strohm, unter Mitarb. v. Henning P. Jürgens (Hg.), Martin Bucer und das Recht. Beiträge zum internationalen Symposium in der Johannes a Lasco Bibliothek Emden vom 1. bis 3. März 2001, Genf 2002 (THR 361), S. 167–183.

[46] Zu einer knappen Übersicht vgl. Stephen E. Buckwalter, in: BDS 16, S. 209f. Anm. 4.

[47] Die Referate liegen publiziert vor: Simon (Hg.), Martin Bucer (s. Anm. 16).

[48] Vgl. Reinhold Friedrich, Die Beziehung Bucers zu den Augsburger Predigern, in: Simon (Hg.), Martin Bucer (s. Anm. 16), S. 157–169; vgl. auch Reinhold Friedrich / Milton Kooistra, Einige Briefe zum Wirken der Straßburger Prediger in Augsburg, ebd., S. 217–225.

[49] Vgl. Gottfried Seebaß, Martin Bucer und die Reichsstadt Augsburg, in: Krieger / Lienhard (Hg.), Martin Bucer (s. Anm. 7), Bd. 2, S. 479–491; vgl. auch Stephen E. Buckwalter, in: BDS 16, S. 210 Anm. 1.

schof, sondern auch die alten Augsburger Patriziergeschlechter der Fugger und Welser auf ihrer Seite wussten, war das eine ausgesprochen gefährliche Situation.

Für die Anhänger der Reformation war zudem bedrohlich, dass Augsburg sich in unmittelbarer Nachbarschaft des katholischen Bayern und habsburgischen Territoriums befand. So kam es dazu, dass der Rat im Jahr 1530 gegen den konfessionellen Streit vorging und sich um die Anstellung moderater, friedliebender Prediger bemühte. Mit Bucers Hilfe und unter Vermittlung des mit ihm befreundeten Stadtarztes Gereon Sailer gewann man vier Straßburger Prediger.[50] Das hatte allerdings nur sehr begrenzten Erfolg. Es kam zu einer schier endlosen Reihe von Auseinandersetzungen, in denen es immer wieder um das Verständnis von Messe und Abendmahl ging. Auch Bucers mehrfache Vermittlungsversuche zeitigten kaum Wirkung. Einer der aus Straßburg gesandten Prediger, Theobald Nigri, bat angesichts der Anfeindungen nicht nur der Zwinglianer, sondern auch der Anhänger Schwenckfelds resigniert um die Rückberufung nach Straßburg. „Malo enim Argentini mori, quam Auguste viuere."[51] Es dauerte noch bis zum Jahr 1537, als mit Bucers Augsburger Kirchenordnung eine gewisse Stabilität erreicht werden konnte.[52]

Martin Greschat hat in seiner Bucer-Biographie auf einen Sachverhalt hingewiesen, der in seiner weitreichenden Bedeutung kaum überschätzt werden kann. Bucer hat angesichts der besonderen, in mancher Hinsicht dramatischen Herausforderungen der Augsburger Situation seine grundlegenden Überlegungen zur Kompetenz der weltlichen Obrigkeit in Religionsangelegenheiten bzw. zum Verhältnis von Kirche und Staat entwickelt.[53] Während eines Aufenthalts vom 26. Februar bis 22. April 1535 erreichte Bucer die Unterzeichnung von zehn Artikeln, in denen sich die Geistlichen unter anderem zur strikten Unterordnung unter die städtische Obrigkeit verpflichteten.[54]

Nicht nur Anhänger Luthers, sondern auch die des Spiritualisten Sebastian Franck hatten die Auffassung vertreten, dass der Glaube eine rein innerliche Angelegenheit sei und mit äußerer Gewalt nichts zu schaffen habe. Durch Rückgriff auf weltliche Gewalt in Religionsangelegenheiten werde ein neues Papsttum aufgerichtet. Bucer war hingegen von der Verantwortung der Obrigkeit für die Verwirklichung der christlichen Gesellschaft überzeugt und ermutigte den

50 Vgl. Friedrich, Beziehung (s. Anm. 48), S. 159–162.
51 Zit. in: BCor VI, S. XIV.
52 S. oben Anm. 22.
53 Vgl. Greschat, Bucer (s. Anm. 3), S. 122–125. Es sei ferner darauf hingewiesen, dass Bucer seinem „Bericht auß der heyligen geschrift" (abgedr. in: BDS 5, S. 109–258), der eine tiefgreifende theologische Auseinandersetzung mit dem Täufertum bietet und auf Calvin gewirkt (z. B. im Blick auf die Verhältnisbestimmung von Altem und Neuem Testament) hat, ein umfangreiches Widmungsschreiben an den Augsburger Rat vorangestellt hat (BDS 5, S. 119,10 – S. 126,8).
54 Vgl. BDS 6/1, S. 77–82, bes. S. 81,18 – S. 82,8.

Prediger Wolfgang Musculus – einen der aus Straßburg gesandten Geistlichen – dazu, Augustins Brief an den weströmischen Feldherrn Bonifatius zu übersetzen, in dem es eben um die Verantwortung der weltlichen Obrigkeit für die Sorge um die rechte Gottesverehrung ging.[55] Bucer selbst verfasste zu dieser Schrift ein Vor- und Nachwort mit dem programmatischen Titel „Vom Ampt der Oberkait".[56] In dem auf den 10. März 1535 datierten Vorwort vertrat Bucer unter anderem die Unterscheidung von niederen („undren") und übergeordneten Obrigkeiten („obren"), um die Verantwortung der städtischen Obrigkeiten in Religionsangelegenheiten auch im Gegensatz zum katholischen Kaiser zu begründen.[57]

Im Mai 1535 folgte eine weitere Schrift zum Thema, in der Bucer wiederum während eines Aufenthalts in Augsburg ausführlich seine Auffassungen über die Kompetenz der weltlichen Obrigkeit in Religionsangelegenheiten bzw. zum Verhältnis von Kirche und Staat erläuterte.[58] Diese *Dialogi oder Gesprech Von der gemainsame vnnd den Kirchen übungen der Christen Vnd was yeder Oberkait von ampts wegen auß Göttlichem befelch an den selbigen zuuersehen vnd zu besseren gebüre* sind bezeichnenderweise in Dialogform konzipiert. So treten drei Freunde auf, von denen zwei, ein Zwinglianer und ein Spiritualist, Extrempositionen vertreten, während der dritte, in dem sich Bucer darstellt, den rechten Mittelweg findet.

Bucer erläutert die Verantwortung der weltlichen Obrigkeit, das Böse zu beseitigen und für kirchliche Reformen zu sorgen. Eingehend wird das mit dem Verweis auf das Alte Testament, das römische Recht (insbesondere das Recht der christlichen Kaiser seit Konstantin) und Teile des kanonischen Rechts begründet.[59] Die hier entfalteten Überlegungen Bucers sind wie auch die Wolf-

55 Vgl. Greschat, Bucer (s. Anm. 3), S. 124f.; zu vergleichbaren Auseinandersetzungen in Straßburg und Bucers Voten dabei vgl. W. Delius, Einleitung, zu: Vom Ampt der Oberkait, BDS 6/2, S. 20f.

56 Abgedr. in: BDS 6/2, S. 17–38.

57 „Dabey will ich auch auß beystand unsers Herren Jesu auß göttlicher geschrifft und auch der Christlichen Kayser gesetzen gnugsam anzaigen, wes die undren oberkaiten on verletzung der waren gehorsame, auch on ainig zerrüttung guter Pollicey gegen den obren oberkaitten in sachen der Religion und besserung der Kirchen zu handlen haben und mit der hilff Gottes wol auch gantz schleünig und fridlich vermügen" (BDS 6/2, S. 29,27 – S. 30,5).

58 Abgedr. in: BDS 6/2, S. 39–188.

59 Vgl. Christoph Strohm, Die Berufung auf kanonisches Recht, römisches Recht und Reichsrecht in der Auseinandersetzung um die Kölner Reformation 1545/46, in: ders., Bucer und das Recht (s. Anm. 45), S. 123–145; zum Verständnis der weltlichen Obrigkeit vgl. auch Gäumann, Reich Christi (s. Anm. 39). Cornel A. Zwierlein hat herausgearbeitet, dass Bucer in seinem Rückgriff auf das römische („kaiserliche") Recht die modernsten, von der humanistischen Jurisprudenz neu erarbeiteten Editionen herangezogen hat. So benutzte er die eben erschienene, vom Rat der Reichsstadt Nürnberg finanzierte Ausgabe Gregor Haloanders (vgl. Cornel A. Zwierlein, Reformation als Rechtsreform. Bucers Hermeneutik der lex Dei und sein humanistischer Zugriff auf das römische Recht, in: Strohm, Bucer und das Recht [s. Anm. 45], S. 29–81, hier: S. 55–69).

gang Musculus' von dem Heidelberger Medizinprofessor und Laientheologen Thomas Erastus in seinem Kampf gegen die Vertreter einer eigenständigen Kirchenzucht aufgenommen worden und haben in Gestalt des sog. Erastianismus eine außerordentliche Wirkungsgeschichte in der reformierten Welt entfaltet.[60]

Auch Bucers später, für den früh verstorbenen englischen König Edward VI. bestimmter, umfassender Entwurf einer christlichen Gesellschaftsordnung ist hier einzuordnen.[61] Der postum unter dem Titel *De regno Christi* gedruckte Text gilt zu Recht als eine Art Blaupause puritanischen Denkens.[62] Man hat darum mit einer gewissen Übertreibung sogar davon gesprochen, dass Bucer in *politischer* Hinsicht „the father of the Calvinism" war.[63]

60 Vgl. Johannes Heckel, Cura religionis, ius in sacra, ius circa sacra [1938]. Sonderausgabe, Darmstadt 1962 (Libelli 69), S. 62–74; zur Rezeption im Römerbriefkommentar des Heidelberger Theologen David Pareus sowie bei Hugo Grotius u.a. vgl. Christoph Strohm, Kompetenz weltlicher Obrigkeit in Religionsangelegenheiten. Entstehung und Wirkung von David Pareus' Überlegungen zum Ius circa sacra, in: Robert von Friedeburg/Mathias Schmoeckel (Hg.), Recht, Konfession und Verfassung im 17. Jahrhundert. West- und mitteleuropäische Entwicklungen, Berlin 2015 (Historische Forschungen, 105), S. 67–83, hier: S. 79–83.

61 Martin Bucer, De regno Christi, libri duo 1550, hg. v. François Wendel, Paris/Leiden 1955 (BOL 15). Im Oktober 1550 ließ er König Edward VI. eine handschriftliche Fassung der erst 1557 gedruckten Schrift *De regno Christi* überreichen. Dieses denkschriftartige Werk sollte dem König die Grundlinien einer Reformation der Kirche und der Gesellschaft sowie teilweise sehr konkrete Schritte bei der Sorge für die Durchsetzung der Herrschaft Christi aufzeigen. Im ersten Teil wird deren Wesen beschrieben und die sich daraus ergebenden Aufgaben für die Gestaltung der Kirche. Der zweite Teil erläutert die praktischen Maßnahmen, die der König ergreifen soll. Hier werden vierzehn große Gesetze mit detaillierten Ausführungsbestimmungen entfaltet, die von eher kirchlichen Themen wie dem Katechismusunterricht, der Heiligung von Sonn- und Feiertagen sowie der Gestaltung der Ämter in der Kirche ausgehen und dann über den Aufbau einer Armenfürsorge und die Neuregelung des Eherechts hinaus wirtschaftliche Fragen und Themen des Zivil- und Strafrechts behandeln. Auch wenn Bucer hier die Durchsetzung der Herrschaft Christi in der gesamten Gesellschaft bis in sehr konkrete Details durchdenkt, liegt ihm ein Umsturz der bestehenden, hierarchisch aufgebauten Ordnung fern. Primär geht es doch um „eine umfassende religiöse Erneuerung und darin das Werden eines anderen Menschen, der aus dem Glauben und der Liebe heraus zu leben wagt."

62 Vgl. Wilhelm Pauck, Das Reich Gottes auf Erden. Utopie oder Wirklichkeit. Eine Untersuchung zu Butzers „De regno Christi" und zur englischen Staatskirche des 16. Jahrhunderts, Berlin 1928 (AKG 10); ders., Martin Bucers Conception of a Christian State, in: Princeton Theological Review 26 (1928), S. 80–88; August Lang, Puritanismus und Pietismus. Studien zu ihrer Entwicklung von M. Butzer bis zum Methodismus, Neukirchen 1941 (BGLRK 6); Patrick Collinson, The Reformer and the Archbishop. Martin Bucer and an English Bucerian, in: ders. (Hg.), Godly People. Essays on English Protestantsim and Puritanism, London 1983, S. 19–44; vgl. auch die Auffassung von einer nur begrenzten Wirkung von *De regno Christi* auf den Puritanismus in: Gäumann, Reich Christi (s. Anm. 39), S. 127.

63 Vgl. Erik Wolf, Johannes Althusius, in: ders. (Hg.), Große Rechtsdenker der deutschen Geistesgeschichte, Tübingen [4]1963, S. 177–219, 194; vgl. auch Wilhelm Pauck, Calvin and Butzer, in: The Journal of Religion 9 (1929), S. 237–256, 238; Gustav Anrich, Martin Bucer, Straßburg 1914, S. 144; Marijn de Kroon, Bucer und Calvin. Das Obrigkeitsverständnis beider Reformatoren nach ihrer Auslegung von Röm. 13, in: Wilhelm H. Neuser (Hg.), Calvinus servus Christi. Die Referate des Congrès International des Recherches Calviniennes […] vom 25. bis 28. August 1986 in Debrecen, Budapest 1988, S. 209–224.

Darüber hinaus sind die erwähnten, im Kontext der Augsburger Auseinandersetzungen entstandenen Texte auch für die Geschichte des Widerstandsrechts von erheblicher Bedeutung. Die hier mehrfach erläuterte Unterscheidung von untergeordneten und übergeordneten Obrigkeiten, welche Bucer entfaltet, um die Verantwortung der städtischen Obrigkeit für die Reformation herauszustellen, wird durch den Verweis auf die im römischen Recht (Dig. 2,1,3) entfaltete Unterscheidung von merum und mixtum imperium erläutert. Auch der untergeordneten Obrigkeit komme das merum imperium, also die volle Strafgewalt zu, nicht nur das mixtum imperium, also zivilrechtliche Kompetenz.[64]

Die Unterscheidung von untergeordneten und übergeordneten Obrigkeiten diente auch zur Begründung des Widerstandsrechts gegen den katholischen Kaiser, wenn der zum Beispiel einer Reichsstadt eine falsche Religionspolitik aufzuzwingen suchte.[65] Schon Hans Baron hatte in den 1930er Jahren darauf hingewiesen, dass Bucer hiermit einen wesentlichen Beitrag zur Geschichte des Widerstandsrechts geleistet hat.[66] Bucers einschlägige Überlegungen sind lange vor dem Magdeburger Bekenntnis von 1550[67] und dem monarchomachischen

64 In der Schrift *Dialogi oder Gesprech* übersetzt Bucer den Begriff „merum imperium“ als „obrest vnd vollmächtig gewalt“ (BDS 6/2, S. 79,26–30). Zur Aufnahme der Unterscheidung von merum et mixtum imperium vgl. z. B. das für den Schmalkaldischen Bund erstellte Gutachten „Das Bedencken vonn Kirchenngüterenn, zu Braunschwig den Stenden furgegeben, 13.7.1538, BDS 12, S. 25–78, hier: S. 65,12 u. S. 67,23; vgl. ferner Martin Bucer, Metaphrases et enarrationes perpetuae epistolarum D. Pauli Apostoli, Straßburg 1536, f. 489v; dazu Marijn de Kroon, Studien zu Martin Bucers Obrigkeitsverständnis. Evangelisches Ethos und politisches Engagement, Gütersloh 1984, S. 88 f. Anm. 19 u. S. 95 f.; ders., Martin Bucer und Johannes Calvin. Reformatorische Perspektiven, Göttingen 1991, S. 179–186. 210–218; Richard R. Benert, Lutheran Resistance Theory and the Imperial Constitution, in: Il Pensiero Politico 6 (1973), S. 17–36, 27 f.; weitere Hinweise auf die einschlägige Forschung bei: Zwierlein, Reformation (s. Anm. 59), S. 36 f., bes. Anm. 34–37; zu Bucers Hochschätzung der Juristen und seiner Berufung auf den italienischen Juristen Andrea Alciato, einen der wichtigsten Vertreter der humanistischen Jurisprudenz Frankreichs, vgl. ebd., S. 36–41. Zwierlein hat wie auch Marijn de Kroon darauf hingewiesen, dass Bucer die mit der Aufwertung der inferiores magistratus verbundene Auffassung vom ius reformandi mit der größten Deutlichkeit im Gutachten zum Hamburger Kapitelstreit (abgedr. in: BDS 12, S. 495–540) erläutert habe (de Kroon, Studien [s. Anm. 64], S. 94 Anm. 79; Zwierlein, Reformation [s. Anm. 59], S. 37 Anm. 35).

65 Die Unterscheidung von unter- und übergeordneten Obrigkeiten (potestates inferiores et superiores) spielt seit der zweiten Auflage des Evangelienkommentars von 1530 eine wichtige Rolle (Martin Bucer, Enarrationes perpetvae, in sacra qvatvor evangelia, recognitae nuper et locis compluribus auctae, Straßburg 1530, S. 57a). Im Römerbriefkommentar von 1536 versucht Bucer, die Unterscheidung biblisch zu untermauern (vgl. dazu BDS 6/2, S. 30 Anm. 34).

66 Vgl. Hans Baron, Calvinist Republicanism and its Historical Roots, in: ChH 8 (1939), S. 30–42 (mit Verweis auf Bucers Römerbrief- und Richterkommentar); zusammenfassend Winfried Schulze, Zwingli, lutherisches Widerstandsdenken, monarchomachischer Widerstand, in: Peter Blickle u.a. (Hg.), Zwingli und Europa. Referate und Protokoll, Zürich 1985, S. 199–216; ferner Zwierlein, Reformation (s. Anm. 59), S. 37 Anm. 37.

67 Bekentnis, Unterricht und Vermanung, der Pfarrhern und Prediger der Christlichen Kirchen zu Magdeburgk Anno 1550. Den 13 Aprilis, Magdeburg 1550; wiederabgedr. in: Irene Dingel (Hg.), Controversia et Confessio, Bd. 2: Der Adiaphoristische Streit (1548–1560), bearb. v. Jan Martin Lies/Hans-Otto Schneider, Göttingen 2012, S. 442–629.

Schrifttum der siebziger Jahre formuliert worden und haben wohl über Petrus Martyr Vermigli, der in den Jahren 1542 bis 1547 als Glaubensflüchtling in Straßburg gelebt und gelehrt hat, auf den späteren Calvinismus gewirkt.[68]

Selbstverständlich hat nicht nur die Augsburger Situation, sondern auch der vergleichbare Erfahrungshorizont in der Reichsstadt Straßburg und anderen Städten, in denen Bucer für die Einführung und Ausgestaltung der Reformation tätig war, auf die Ausbildung dieser einschlägigen Gedankengänge zum Verhältnis von Kirche und Staat gewirkt. Man kann aber den besonderen Verhältnissen in Augsburg durchaus eine katalytische Funktion bei der Klärung dieser grundlegenden Gedanken zur Kompetenz weltlicher Obrigkeiten in Religionsangelegenheiten zusprechen.

5. Württemberg 1534 ff.: Ausgleich innerprotestantischer Lehrgegensätze

An allen Orten, an denen Bucer im Südwesten an der Einführung und Ausgestaltung der Reformation mitgewirkt hat, spielt der innerprotestantische Streit um das rechte Verständnis des Abendmahls eine zentrale Rolle. Entsprechend nehmen Texte, die in diesem Zusammenhang entstanden sind, in der Edition der Deutschen Schriften Martin Bucers einen breiten Raum ein.[69] Vielfach zeigen sich schnell die verhängnisvollen Folgen für die Sicherung der Reformation. Bucer hat das in Augsburg in besonders dramatischer Weise vor Augen gehabt. Warum gerade in der Abendmahlsfrage der Streit so leidenschaftlich

68 Vgl. bes. die kommentierte Sammlung von entsprechenden Textstücken: Robert M. Kingdon, The political thought of Peter Martyr Vermigli. Selected Texts and Commentary, Genf 1980 (THR 178); ders., Calvinism and resistance theory 1550–1580, in: James Henderson Burns (unter Mitarb. v. Mark Goldie) (Hg.), The Cambridge History of Political Thought, 1450–1700, Cambridge u.a. 1991, S. 193–218. In dem 1562 zum ersten Mal gedruckten Kommentar zu den Richter-Büchern erläutert Vermigli die Kompetenz der inferiores magistratus in Religionsangelegenheiten, die bei einer falschen Religionspolitik der höheren Gewalt (z. B. Kaiser) eben auch in den Widerstand führen kann (vgl. Petrus Martyr Vermigli, In librum Judicum D. P. V. Florentini, Professoris divinarum literarum in Schola Tigurina, Commentarii doctissimi, cum tractatione perutili rerum & locorum, Zürich 1561 [weitere Ausg.: Zürich 1565; 1571; 1582; Heidelberg 1609]). Im Scholion zu Jdc 1,36 diskutiert er die biblischen Texte, mit denen sich eventuell ein Widerstand begründen ließe, entscheidet sich dann aber ausdrücklich für das juristisch-politische Argument, das sich auf die gegebenen Rechtsgrundlagen bezieht: „But thou wilt say: by what law doo inferiour Princes resist either the Emperour or Kynges, or elles publique wealthes, when as they defend the syncere religion and true faith? I aunswer by the law of the Emperour, or by the lawe of the King, or by the law of the publique wealth. For they are chosen of Emperours, Kinges, and publique wealthes, as helpers to rule, ordeyned according to the office committed unto them, rightly, justly, and godly to governe the bublyke wealthe. Wherefore they doo according to their duty, when in cause of religion they resist the higher power. Neither can that superiour power justly complain, if in that case the inferiour power fal from it" (abgedr. in: Kingdon, Political thought, S. 87); vgl. ferner ebd., S. Xf. 62. 95. 100.

69 Vgl. nur BDS 8 („Abendmahlsschriften 1529–1541").

geführt wurde und insbesondere Luther kaum zu Kompromissen bereit war, sondern im Gegenteil den Streit immer wieder neu entfacht hat, ist ein eigenes, jetzt nicht zu erörterndes Thema. Es soll hier nur noch um einen Sachverhalt gehen, der die Bedeutung des reformatorischen Wirkens Bucers im Südwesten besonders anschaulich zeigt.

Im Jahr 1534 begann der von den Habsburgern 1519 abgesetzte und mit Hilfe Landgraf Philipps von Hessen wieder in sein Territorium eingesetzte Herzog Ulrich mit der planmäßigen Durchführung der Reformation des Herzogtums Württemberg.[70] Der Herzog war der Schweiz wie auch Hessen verpflichtet, so dass er als Reformator des südlichen Teils den zwinglianisch gesinnten Konstanzer Ambrosius Blarer und für den Norden den Lutheraner Erhard Schnepf berief. Mit dem in der Reichsstadt Schwäbisch Hall tätigen Brenz sowie Martin Frecht, dem 1533 berufenen Nachfolger Konrad Sams in Ulm, waren bereits zwei profilierte Lutheraner vor Ort. In Württemberg und den umliegenden Reichsstädten trafen von Süden kommend zürich-zwinglianische und gleichsam von Norden kommend wittenbergisch-lutherische Tendenzen aufeinander. Die gleichen Auseinandersetzungen, die die Ausbreitung der Reformation in den Reichsstädten behinderten (wie in Augsburg), drohten nun, die Durchführung der Reformation im Herzogtum Württemberg zu gefährden.

Die ganz wesentlich und unermüdlich von Bucer unternommenen Einigungsbemühungen in den südwestdeutschen Reichsstädten und dann im Herzogtum Württemberg bildeten die Voraussetzung des Einigungswerks der Wittenberger Konkordie von 1536.[71] Hier war es gelungen, lutherische, oberdeutsche und zumindest einen Teil der schweizerisch-reformierten Protestanten zu einer gemeinsamen Erklärung in der Abendmahlsfrage zu bewegen. Dies erfolgte in Gestalt der Aufnahme der von Luther 1528 verwendeten Rede von einer Verbindung Christi mit Brot und Wein auf „sakramentliche Weise" („unio sacramentalis"), mit der die reale Gegenwart Christi im Abendmahl („cum pane et vino vere et substantialiter adesse") „erklärt" wurde. Ferner einigte man sich auf eine abgeschwächte Fassung der Rede vom Empfang des Abendmahls

[70] Vgl. zur Übersicht: Hermann Ehmer, Württemberg, in: Anton Schindling / Walter Ziegler (Hg.), Die Territorien des Reichs im Zeitalter der Reformation und Konfessionalisierung. Land und Konfession 1500–1650, Bd. 5: Der Südwesten, Münster 1993 (KLK 53), S. 168–192; Eike Wolgast, Die Einführung der Reformation und das Schicksal der Klöster im Reich und in Europa, Gütersloh 2014 (QFRG 89), S. 103–112.

[71] Vgl. Walther Köhler, Zwingli und Luther. Ihr Streit über das Abendmahl nach seinen politischen und religiösen Beziehungen, Bd. 2: Vom Beginn der Marburger Verhandlungen 1529 bis zum Abschluß der Wittenberger Konkordie von 1536, Gütersloh 1953 (QFRG 7); Ernst Bizer, Studien zur Geschichte des Abendmahlsstreits im 16. Jahrhundert, Darmstadt ^{3}1972 (BFChTh 46), S. 65–95; Thomas Kaufmann, Art. Wittenberger Konkordie, in: TRE 36, Berlin / New York 2004, S. 243–251.

durch Ungläubige zum Unheil in Form der biblischen Rede von der unwürdigen Nießung („manducatio indignorum" anstatt „manducatio impiorum") und nahm schließlich eine relativ offene Formulierung des Kirchenvaters Irenäus auf, der von einer Parallelität himmlischer und irdischer Gaben gesprochen hatte. Erst im 20. Jahrhundert, mehr als 400 Jahre später, wurden die hier formulierten theologischen Grundentscheidungen dann der Ausgangspunkt der Leuenberger Konkordie von 1973, mit der die volle Kirchengemeinschaft lutherischer und reformierter Kirchen wiederhergestellt wurde.

Die in der Edition der Deutschen Schriften Martin Bucers abgedruckten Texte machen die südwestdeutsche Vorgeschichte dieses epochalen Vorgangs der Kirchengeschichte nun sichtbar. Man kann hier im Grunde schon die Arbeiten an der Confessio Tetrapolitana, dem von Bucer zusammen mit Wolfgang Capito im Sommer 1530 verfassten Alternativbekenntnis der vier Städte Straßburg, Memmingen, Lindau und Konstanz, nennen.[72] Die unmittelbare Vorgeschichte der Wittenberger Konkordie beginnt mit der sog. Württemberger Konkordie vom 2. August 1534.[73] Sie ist zwar nicht in BDS abgedruckt, weil Bucer hier nur im Hintergrund wirkte und stattdessen sein Freund Ambrosius Blarer und der ebenfalls von Herzog Ulrich nach Württemberg berufene Erhard Schnepf die Feder führten.[74] Jedoch ist sie wesentlich von Bucers Aktivitäten in den Jahren zuvor angebahnt worden. Gleich nach der Lauffener Schlacht, in der die habsburgischen Truppen besiegt worden waren, schrieben die Straßburger Prediger am 18. Mai 1534 an Landgraf Philipp von Hessen und Herzog Ulrich und übersandten ein Bedenken, in dem sie die Abendmahlskonkordie anvisierten, „nicht blos in Württemberg, sondern auch in der ganzen deutschen und den andern Nationen".[75]

In dem in BDS 5 zum Abdruck gekommenen „Bericht auß der heyligen geschrift", der angesichts der Schrecken verbreitenden Täuferherrschaft in Münster 1534 eine grundsätzliche, kritische Auseinandersetzung mit den Täufern unternimmt, wendet Bucer sich auch gegen deren spiritualisierendes, symbolisches Abendmahlsverständnis.[76] Das war ein weiterer Schritt hin zu Luthers

72 Abgedr. in: BDS 3, S. 85–135; Neuedition der Confessio Tetrapolitana in: BDS 18, S. 617–670; zur Entstehungsgeschichte vgl. Greschat, Bucer (s. Anm. 3), S. 106; Bizer, Studien (s. Anm. 71), S. 28–35.

73 Vgl. dazu Köhler, Zwingli und Luther (s. Anm. 71), S. 320–358.

74 Vgl. Greschat, Bucer (s. Anm. 3), S. 144 f. Ausgangspunkt der Württemberger oder auch Stuttgarter Konkordie war eine von Lutheranern auf dem Marburger Religionsgespräch vorgeschlagene, von Zwingli aber abgelehnte Unionsformel (abgedr. in: BDS 4, S. 358 f.). Hier hieß es: „Wir bekennen, dz ausz vermög dieser wort: ‚Das ist min lib, dz ist min blut', Der leib vnd dz blut Christi warhaftiklich, hoc est: substantive et essentialiter, non autem quantitative vel qualitative vel localiter, im nachtmal gegenwertig sey vnd gegeben werd" (BDS 4, S. 358,1–4).

75 Zit. in: Köhler, Zwingli und Luther (s. Anm. 71), S. 331.

76 Vgl. Bericht auß der heyligen geschrift, BDS 5, S. 109–258, hier: S. 242–254; vgl. auch Köhler, Zwingli und Luther (s. Anm. 71), S. 321–324. Köhler hat diese Schrift (zusammen mit einer

Abendmahlslehre und weg von der Zwinglis. Bucer warb unermüdlich um Zustimmung zu der in Gestalt der Württemberger Konkordie getroffenen Übereinkunft. Auf einer Zusammenkunft in Konstanz im Dezember 1534 gelang ihm das im Blick auf die südwestdeutschen Städte.[77] Die Schweizer, insbesondere der Nachfolger Zwinglis in Zürich, Heinrich Bullinger, blieben aber außen vor. Bullinger sah durch die Rede von einer realen Gegenwart, wenn auch nicht quantitativ, qualitativ oder localiter greifbar, das Erbe Zwinglis aufgegeben.[78] Von Konstanz aus begab sich Bucer noch im Dezember 1534 nach Kassel, wo er in ausgesprochen harmonischer Weise mit Melanchthon diskutierte und zu der Übereinkunft, welche die unmittelbare Vorlage der Wittenberger Konkordie wurde, gelangte: der sog. Kasseler Konkordie.[79] Hier konnte Bucer bereits ausdrücklich auf die Zustimmung der Prediger zu Augsburg, Konstanz, Ulm, Esslingen, Memmingen, Lindau, Isny, Biberach und Kempten verweisen.[80] Auch durch Angriffe des Freundes Luthers, Nikolaus Amsdorff, der ihm Heuchelei vorwarf, ließ sich Bucer nicht von der Hoffnung auf die Einigung abbringen[81] und warb weiter um Zustimmung. Aufgrund des schlechten Gesundheitszustands Luthers kam es noch zu Verzögerungen, aber am 28. Mai 1536 gelang es, die „Formula Concordiae Lutherj et Bucerj", die sog. Wittenberger Konkordie, zu unterschreiben.[82]

6. Schlussbemerkung

Die Edition der Deutschen Schriften Martin Bucers in den vergangenen Jahrzehnten hat wesentlich dazu beigetragen, dass die überragende Rolle, die Bucer für die Ausbreitung der Reformation im Südwesten des Reichs gespielt hat, heute ins Bewusstsein gelangt ist; mehr noch, dass die Bedeutung der Verhältnisse im Südwesten für die Reformationsgeschichte insgesamt nun langsam deutlicher wird. Der „dritte deutsche Reformator" nach Luther und Melanchthon hat wesentliche Prägungen in den frühen Auseinandersetzungen um die Einfüh-

weiteren lateinischen Schrift Bucers als „Auftakt zur Wittenberger Konkordie von 1536" bezeichnet (ebd., S. 330). Das ist insofern gerechtfertigt, als sich Bucer im Zuge der Kritik an den Täufern zugleich so klar von Zwinglis Abendmahlsverständnis abgrenzt wie nie zuvor.

77 Vgl. ebd., S. 364–375.

78 Vgl. auch Martin Friedrich, Heinrich Bullinger und die Wittenberger Konkordie. Ein Ökumeniker im Streit um das Abendmahl, in: Zwingliana 24 (1997), S. 59–79.

79 Bucerj vergriff seiner handlung wegen einer Concordia mit Philippo Melanchtone zu Cassel (nach dem 29.12.1534), BDS 6/1, S. 62–82.

80 Vgl. BDS 6/1, S. 67,6–9.

81 Vgl. bes. Axiomata apologetica Mar[tini] Bvceri de sacro evcharistiae mysterio et circa hoc Ecclesiarum concordia, quibus respondet Thematis N[icolai] Amßdorfii, Argentoratenses falso criminantibus, 1535, BDS 6/1, S. 83–96.

82 Abgedr. in: BDS 6/1, S. 114–134.

rung der Reformation in den Reichsstädten des Südwestens sowie dem Herzogtum Württemberg erfahren. Hier gewinnt er sein reformatorisches Profil, das in den folgenden Jahrzehnten sein Wirken bestimmen wird.

Stephen Buckwalter

Bucers theologisches Profil im Lichte der jüngst edierten BDS-Bände

Es grenzt fast an Vermessenheit, sich vorzunehmen, aus der Summe der in den letzten Jahren erschienenen Bände unserer Edition ein zumindest in Ansätzen kohärentes theologisches Profil des Straßburger Reformators herauszuarbeiten. Die Fülle und enorme inhaltliche Vielfalt der Schriften, die seit dem Umzug der Forschungsstelle von Münster nach Heidelberg im November 1993[1] ediert worden sind, bauen für das Vorhaben, eine einigermaßen einheitliche theologische Kontur in ihnen entdecken zu wollen, hohe Hürden auf. Aber nicht nur die bunte Verschiedenheit der Gattungen, der Adressaten und der Entstehungsumstände dieser Schriften erschweren dieses Vorhaben, sondern schon die Person Martin Bucers an sich. Martin Greschat hat vor einigen Jahren folgende Beobachtung gemacht: „die Persönlichkeit Martin Bucers ist zu komplex und lebendig, als dass sie sich auf einen klaren, einfachen Nenner bringen ließe. Wie die andauernde Beschäftigung mit seinem Denken und Handeln belegt, war beides nicht nur von Spannungen, sondern durchaus auch von Widersprüchen bestimmt."[2] Ich möchte behaupten, dass auch die jüngst edierten Schriften Bucers von diesem Urteil nicht ausgenommen werden können, es vielmehr bekräftigen.

I.

Die gut 22 Jahre, die seit dem Umzug der Bucer-Forschungsstelle von Münster nach Heidelberg verstrichen sind, haben die Veröffentlichung von insgesamt 13 Bänden unserer Edition gesehen. Diese Publikationskette begann 1999 mit einem ersten Band zur Kölner Reformation,[3] gefolgt in den Jahren danach von zwei weiteren umfangreichen Bänden zu diesem kirchenorganisatorischen Pro-

1 Vgl. hierzu: Heidelberger Akademie der Wissenschaften. Jahrbuch 1993, Heidelberg 1994, S. 158f.

2 Martin Greschat, Neue Facetten des Wirkens Martin Bucers; unveröffentlichter Text, der als Grundlage für das neunte Kapitel der französischen (bzw. das zehnte Kapitel der englischen) Übersetzung seiner Bucer-Biographie diente. Der zitierte Satz findet sich in: Martin Greschat, Martin Bucer (1491–1551). Un réformateur et son temps (traduit par Matthieu Arnold), Paris 2002, S. 289; ders., Martin Bucer. A Reformer and His Times (translated by Stephen E. Buckwalter), Louisville/London 2004, S. 271.

3 BDS 11,1.

jekt Bucers, der letzte davon im Jahre 2006.[4] Fast gleichzeitig, zwischen 2001 und 2007, wurden drei chronologisch weit angelegte Bänden zu den Themenkomplexen Ehe[5], Abendmahl[6] und Kirchengüter[7] abgeschlossen. In diesem Zeitraum wurden aber auch zwei extern bearbeitete Bände zum Druck befördert, nämlich die vom niederländischen Bucer-Forscher Cornelis Augustijn edierten Schriften Bucers zu den Religionsgesprächen der Jahre 1539 bis 1542. Von diesen erschien der erste Band[8] bereits 1995, der zweite[9] und letzte 2007, nur wenige Monate vor dem Tod Augustijns am 1. Januar 2008.

2011 kamen innerhalb eines Jahres gleich drei unabhängig voneinander bearbeitete Bände zur Vollendung: einer zu Bucers Unionsschriften der Jahre 1542 bis 1545,[10] ein weiterer mit Schriften zu Täufertum und Spiritualismus,[11] und schließlich ein dritter, von Susanne Haaf zusammen mit Albert de Lange bearbeiteter Band[12] mit Schriften Bucers zur Reichsreligionspolitik der Jahre 1545 und 1546.

Anschließend kam die Reihe an diejenigen Schriften Bucers, die bisher durch alle chronologischen oder thematischen Raster gefallen waren oder aus sonstigen Gründen unediert geblieben waren: Sie wurden gesammelt, bearbeitet und als Nachträge in zwei Schritten herausgegeben: ein erster Teil mit Schriften der Jahre 1531 bis 1541, der 2013 als Band 16 zum Druck befördert wurde, und ein zweiter mit Schriften der Jahre 1541 bis 1551, der 2015 als Band 18 unserer Reihe erschienen ist.

II.

Bevor ich mich der Frage nach dem theologischen Profil des so beschriebenen Quellencorpus widme, möchte ich uns noch einmal die Vielfalt dieser Quellen deutlicher vor Augen führen.

In ihnen begegnet uns Martin Bucer zunächst als Verfasser von theologischen Abhandlungen von eher allgemeiner Art, wie sie vom Reformator einer bedeutenden Reichsstadt zu erwarten waren: grundlegende Schriften wie etwa die an die Stadt Kempten adressierte Abhandlung *Von der Ehe und Eheschei-*

[4] BDS 11,2 (2003), BDS 11,3 (2006).
[5] BDS 10: Schriften zu Ehe und Eherecht.
[6] BDS 8: Abendmahlsschriften 1529–1541.
[7] BDS 12: Schriften zu Kirchengütern und zum Basler Universitätsstreit (1538–1545).
[8] BDS 9,1.
[9] BDS 9,2.
[10] BDS 13.
[11] BDS 14.
[12] BDS 15.

dung vom November 1533,[13] sein klassisches Werk *Von Kirchengütern* vom Februar 1540[14] oder seine an die Churer Prädikanten gerichteten, aber sehr allgemein gehaltenen Abendmahlsartikel vom März 1541.[15] Ein gemeinsamer Zug dieser Schriften ist, dass sie trotz der einen oder anderen formelhaften Widmung letztlich den Charakter allgemeiner Traktate haben.

Freilich, wenn wir allein nach formalen Kriterien wie der expliziten Nennung eines Adressaten oder der konkreten Erwähnung eines Entstehungsanlasses urteilen, wäre Bucers Schrift *Argumenta pro et contra*[16] vom Dezember 1539, also seine Abwägung der theologischen Argumente, die für die Bigamie, sowie derjenigen, die gegen sie sprechen, ebenfalls in die Kategorie der theoretischen Abhandlungen einzureihen. Doch keinem Leser dieser umstrittenen Schrift bleibt heute verborgen, dass sie sehr wohl einen spezifischen historischen Anlass hatte: Philipps von Hessen angestrebte Eheschließung mit Margarethe von der Saale.[17] Diese Beobachtung steht mit einer weiterreichenden Einsicht im Einklang, nämlich dass es so gut wie unmöglich ist, unter den von unserer Forschungsstelle in den letzten 22 Jahren edierten Schriften eine zu finden, die nicht doch letztlich eine besondere Stellungnahme Bucers zu einem sehr spezifischen Problem darstellt. Ja, man könnte behaupten, dass fast die Gesamtheit der Schriften Bucers *écrits d'occasion* sind: fallbezogene, durch konkrete historischen Umstände hervorgerufene Stellungnahmen. Sie bezeugen die „Einbindung Bucers in die ihn umgebende [...] Umwelt und Zeit"[18] und sind ebenfalls Ausdruck seines Bestrebens, diese Umwelt und Zeit mitzugestalten und zu prägen.

Aber auch wo Bucer auf sehr fallbezogene, an ihn gerichtete spezielle Fragen seiner Zeitgenossen reagiert, enthalten seine Antworten fast immer Ansätze zu einer allgemeinen theologischen Abhandlung und bieten zumindest flüchtige Einblicke in so etwas wie einen gesamttheologischen Entwurf. Deutlich ist dies in der Schrift *Quid de baptismate infantium sentiendum*[19] vom Dezember 1533 zu sehen. Rein formal stellt sie die Antwort Bucers auf einen Brief des Münsteraner Predigers Bernhard Rothmann dar und enthält unzählige persönliche Anreden an Rothmann sowie Zitate aus dessen Brief.[20] *De facto* ist sie aber nichts anderes als eine grundlegende, Allgemeingültigkeit beanspruchende Abhandlung über die Kindertaufe.

13 BDS 10, Nr. 12, S. 163–404.
14 BDS 12, Nr. 9, S. 275–494.
15 BDS 8, Nr. 10, S. 411–457.
16 BDS 10, Nr. 15, S. 486–539.
17 Vgl. hierzu: Martin Greschat, Martin Bucer. Ein Reformator und seine Zeit (1491–1551), 2. Aufl., Münster 2009, S. 183–185; BDS 10, S. 486–493.
18 Greschat, Bucer (s. Anm. 17), Vorwort zur 1. Aufl. (München 1990), S. 9.
19 BDS 14, Nr. 7, S. 363–412.
20 Vgl. hierzu BDS 14, S. 363 Anm. 4.

Dasselbe gilt für das *Consilium Buceri in Causa Hamburgensi*,[21] das Gutachten, das Bucer für den Hamburger Rat im Mai 1545 verfasste, um ihn in seinem Streit mit dem Domkapitel der Hansestadt zu unterstützen. Was eine begrenzte, situationsabhängige Stellungnahme hätte bleiben können, entwickelt sich zu einer regelrechten Staatslehre im Kleinen, zu einer besonders geglückten Zusammenfassung des theologischen und politischen Denkens Bucers.[22]

Das vermittelnde Gutachten des Straßburger Reformators vom Dezember 1532[23] zum Streit zwischen den Kemptener Predigern Johannes Seger[24] und Johannes Rottach[25] einerseits und ihrem Kollegen Jakob Haistung[26] andererseits ist zwar speziell auf diesen Konflikt gemünzt und enthält präzise Mahnungen und Anweisungen an die unterschiedlichen Konfliktparteien,[27] aber zugleich liest es sich wie eine systematische, zusammenfassende Darstellung des Abendmahlsverständnisses Bucers – ein Verständnis, das als angebliche Synthese der Ansichten Zwinglis und Luthers ebenfalls Allgemeingültigkeit beansprucht.[28]

Doch Bucer begegnet uns in diesen Bänden nicht nur als Autor von abhandlungsartigen Gutachten, in welchen er seine theologischen Ansichten darlegt und unverbindliche Empfehlungen erteilt. In der Mehrzahl dieser Schriften tritt er uns als ein Reformator entgegen, der von dem Gedanken beseelt ist, das Gesetz Gottes, so wie er es in der Bibel, aber auch im römischen Recht und in den frühesten altkirchlichen Kanones enthalten sieht, in die Wirklichkeit umzusetzen und somit am Aufbau des Reiches Gottes, an der Errichtung der Herrschaft Christi mitzuwirken.[29] Deshalb greift er als Kirchenorganisator aktiv in die Gestaltung des kirchlichen Lebens ein, etwa indem er im Juli 1537 eine Kirchenordnung für die Stadt Augsburg[30] verfasst oder im Sommer 1543 einen Reformationsentwurf für das Kurfürstentum Köln[31] erstellt. Überhaupt bilden die mehr als 1.700 Editionsseiten der Schriften Bucers zur Kölner Reformation der Jahre 1543 bis 1545 die größte, ein- und demselben historischen Kontext ent-

21 BDS 12, Nr. 10, S. 495–540.

22 Vgl. bes. die Urteile Jacques Pollets, Hans von Schuberts und Marijn de Kroons in BDS 12, S. 495 Anm. 3.

23 BDS 8, Nr. 4, S. 55–154.

24 Dessen vorausgehende theologische Stellungnahme ist als Beilage 1 zu Nr. 4 in BDS 8, S. 155–203 ediert.

25 Die Beilage 2 zu Nr. 4 in BDS 8, S. 204–229 gibt eine ebenfalls vorausgehende Denkschrift Rottachs wieder.

26 Vgl. dessen eigenes Gutachten (Beilage 3 zu Nr. 4) in BDS 8, S. 230–250.

27 Vgl. bes. BDS 8, S. 134–149.

28 Vgl. BDS 8, S. 70–77.

29 Allgemein zu diesem Themenkomplex vgl. Martin Bucer und das Recht. Beiträge zum internationalen Symposium vom 1. bis 3. März 2001 in der Johannes a Lasco Bibliothek Emden, hg. v. Christoph Strohm unter Mitarbeit v. Henning Jürgens, Genf 2002 (THR 361).

30 BDS 16, Nr. 9, S. 209–268.

31 BDS 11,1, S. 163–429.

stammende Gruppe von Schriften innerhalb der jüngst erschienenen Bände unserer Edition.[32]

Aber auch das kirchliche Leben vor Ort ist Gegenstand des gestalterischen Eifers Bucers. Wir erleben ihn in diesen Bänden unter anderem als Pionier eines im Entstehen begriffenen evangelischen Eherechts;[33] wir erleben ihn als Reformator, der sich in seinem unmittelbaren städtischen Wirkungsfeld *de facto* als Eherichter betätigt und Urteile über die Rechtsgültigkeit von widerstreitenden Eheversprechen fällt[34] oder die Fälle sorgfältig abwägt, in welchen die Wiederheirat nach Ehescheidung möglich ist.[35] Wir erleben ihn als unerbittlichen Verfechter einer Kirchenzucht, der den sittlichen Stand der Straßburger Geistlichkeit streng überwacht und von Pfründenempfängern die gewissenhafte Erfüllung ihrer Amtsgeschäfte eidlich bekräftigt sehen möchte.[36] Wir erleben ihn als Kirchenmann, der vor Disziplinarmaßnahmen gegen pflichtvergessene Kollegen nicht zurückschreckt und gar Anklageschriften gegen sie verfasst, wie etwa im Dezember 1545 gegen den Kanoniker des Thomasstifts Ulrich Kegel, dessen Amtsenthebung Bucer wenige Wochen später tatsächlich erlangen konnte.[37]

Wir erleben Bucer aber nicht nur als strengen Richter, sondern auch als fürsorglichen Familienvater, der in detaillierten Testamenten der Jahre 1541, 1548 und 1551 Vorsorge für den Lebensunterhalt seiner Hinterbliebenen trifft;[38] als Liturgiker, der eigens ein ausführliches Formular für die Taufe eines jüdischen Mädchens durch einen badischen Pfarrer im Jahre 1546 entwirft;[39] und schließlich erleben wir ihn auch als – man möchte fast sagen – „kirchenpolitischen Lobbyisten", der – entsetzt über die Verfolgung von Evangelischen in Frankreich – Briefe zu ihren Gunsten an den französischen König richtet.[40]

III.

Nach diesem kursorischen Überblick über die Vielfalt der zuletzt edierten Schriften Bucers möchte ich nun versuchen, wenn nicht ein abgerundetes theologisches Profil im eigentlichen Sinne vorzulegen, so doch zumindest einige punktuelle Schlaglichter auf inhaltliche Aspekte dieser jüngsten Bände zu werfen, die mir besonders typisch oder beachtenswert erscheinen.

32 Der Kölner Reformation sind die Bände BDS 11,1 bis 11,3 gewidmet.
33 Vgl. etwa BDS 10, Nr. 1, S. 23–29.
34 Vgl. BDS 10, Nr. 17, S. 553–560.
35 Vgl. BDS 10, Nr. 9–12 und 18 (S. 120–404 und 561–568).
36 Vgl. BDS 18, Nr. 5, S. 173–179.
37 BDS 18, Nr. 14, S. 379–386.
38 BDS 18, Nr. 25.3–25.10, S. 539–611.
39 BDS 18, Nr. 17, S. 417–430.
40 BDS 18, Nr. 9, S. 253–258; vgl. auch BDS 16, Nr. 10, S. 269–275.

Die notorische Schwierigkeit Bucers, sich kurz zu fassen, hat bereits seine Zeitgenossen zu spöttischen Bemerkungen gereizt. Unter diesen ist das Urteil Luthers über den gewaltigen Kölner Reformationsentwurf, das *Einfältige Bedenken*,[41] am berühmtesten. Ich zitiere das Fazit des Wittenbergers: „alles vnd alles zu lang vnd gros gewessch, das ich das klapper maul, den Butzer, hie wol spüre."[42]

Es ist erhellend, Bucers eigenes Urteil über dieses umfangreiche Werk zur Kenntnis zu nehmen. In einem Brief an Heinrich Bullinger fasste der Straßburger es folgendermaßen zusammen: „Alles ist auf evangelische Einfachheit hin eingerichtet worden, so dass – was auch immer in der Kirche mit Worten und Zeichen getan wird – alles Christus allein und zwar klar und wirksam verkündigt und empfiehlt; und darauf hinwirkt und darin bestärkt, dass allein in ihm Vergebung der Sünden und Gnadengewissheit zu finden ist."[43]

Bucers Überzeugung von der Einfachheit und der christozentrischen Stringenz seiner eigenen Schriften mag zunächst kurios klingen, fallen diese doch zunächst eher durch ihre Weitschweifigkeit, ihren schwerfälligen Argumentationsduktus und ihren schieren Umfang auf. Aber vielleicht ist diese Selbstcharakterisierung doch nicht völlig abwegig, denn in der Tat stößt man in Bucers Gutachten und Abhandlungen hin und wieder auf besonders prägnante Formulierungen seiner Glaubensüberzeugung, etwa wenn er zu Beginn einer Stellungnahme gegen den Spiritualisten Kaspar Schwenckfeld vom August 1533 im Namen der Straßburger Prediger erklärt: „Nun wissen wir kein ander Euangeli, dan eben das, so wir predigen, nemlich das der almechtig, guttig gott auß seiner gruntlosen[44] barmhertzikeit vns allen, die er hie zu erwölet, seinen eingepornen sun, vnsern hern Jesum Christum, zum erloser vnd heyland geschenckt hat."[45] In einer Kampfschrift gegen den Täufer Pilgram Marpeck bekräftigt Bucer lapidar: „Die erkentnüß gottes stoht fürnemlich in dem, das mann erkenne die breyte, lenge, tieffe vnnd höhe seiner götlichen genaden yber vnns."[46] Verdichtete dogmatische Aussagen dieser Art können wir selbst in umfangreichen Abhandlungen wie der Schrift *Von Kirchengütern*[47] antreffen, die

41 Vgl. oben Anm. 31.

42 Brief Luthers an Gregor Brück, Anfang August 1544 (WAB 10, Nr. 4014, S. 618,23 f.); vgl. auch Greschat, Bucer (s. Anm. 17), S. 217.

43 „Sunt omnia ad simplicitatem evangelicam instituta, ut, quae geruntur in ecclesia verbis et signis, Christum unum et eum clare atque efficaciter praedicent et commendent veramque in eum peccatorum poenitentiam gratiaeque fiduciam excitent et confirment" (Heinrich Bullinger, Briefwechsel, Bd. 13: Briefe des Jahres 1543, bearb. v. Rainer Henrich, Alexandra Kess und Christian Moser, Zürich 2008, Nr. 1789, S. 266,54–67); Übersetzung nach Greschat, Bucer (s. Anm. 17), S. 216 f.

44 Sc. unendlich großen.

45 BDS 14, S. 271,9–12.

46 BDS 14, S. 36,19 f.

47 S. oben Anm. 14.

sich mit eher organisatorisch-technischen Themen befasst, wie etwa die Zerlegung der „persona duplex" des Bischofs und des territorialen Fürsten,[48] die Verwandlung von geistlichen Territorien in weltliche Fürstentümer unter der Leitung eines sogenannten Stiftsfürsten,[49] und die ausschließliche Verwendung des Kirchengutes für die Gründung von Schulen, die Armenfürsorge, die Instandhaltung von Kirchengebäuden und den Unterhalt von Kirchendienern.[50] Selbst in einer trockenen Schrift wie dieser versäumt Bucer nicht, unmissverständlich klarzumachen, dass „der barmhertzig Gott" und die Lehre von der Rechtfertigung im Zentrum seiner Ausführungen stehen, nämlich „das wir allein auß seinen gnaden vnd durch den verdienst Christi von sünden erlöset, frumm vnnd selig werden."[51] Diese dezidierte christologische Fundierung und diese Hervorhebung der Rechtfertigungslehre bilden zentrale Bausteine in der Argumentation desselben Bucer, der die „Theologie stets zugleich als Ethik begreift und entfaltet"[52] und für den die Durchsetzung des Gesetzes Gottes höchste Priorität bleibt.

Zu den umstrittensten Schriften Bucers zählen noch immer seine Ehegutachten. Kennzeichnend für diese ist die Schlüsselrolle, die Bucer der geschlechtlichen Gemeinschaft zwischen den Ehepartnern als konstitutives Moment der Ehe zuweist. Wo die sexuelle Gemeinschaft – etwa aufgrund einer unheilbaren Krankheit – nicht mehr zu gewährleisten war, betrachtete Bucer die Ehe als von Gott selbst geschieden und sah den gesunden Ehepartner als berechtigt an, eine neue Ehe einzugehen.[53] Zu Recht hat Karl Koch missbilligend festgestellt: „diese hochgepriesene eheliche Liebe endet für ihn [= Bucer] gerade dort, wo sie sich zu bewähren hat: an der unheilbaren Krankheit".[54] Aber dieser Hervorhebung der geschlechtlichen Gemeinschaft zwischen den Ehepartnern durch Bucer kann man auch eine positivere Dimension abgewinnen: Hatten die Schultheologen bisher den Sexualtrieb als grundsätzlich böse betrachtet und ihn lediglich unter Hinweis auf die Notwendigkeit der Kinderzeugung wider Willen gerechtfertigt, so gab Bucer schon der ehelichen Sexualgemeinschaft an sich ihre volle Würde als Selbstzweck, als eine Gabe, die Gott den Menschen durchaus zur Freude und zur Ergötzung gegeben hat – und das abgesehen von jeglicher Kinderzeugung – denn auch eine kinderlose Ehe sah Bucer als eine vollkommene, vollwertige Ehe an.[55] So schwingt in Bucers Ehegutachten ein

48 BDS 12, S. 453–460.
49 BDS 12, S. 460–474.
50 BDS 12, S. 474–476.
51 BDS 12, S. 327,9–13.
52 Greschat, Bucer (s. Anm. 17), S. 43.
53 Vgl. etwa BDS 10, S. 35,3–22.
54 Karl Koch, Studium Pietatis. Martin Bucer als Ethiker, Neukirchen-Vluyn 1962 (BGLRK 14), S. 132.
55 BDS 10, S. 346,14–347,6.

gewisser – ich möchte es fast nennen – „seelsorgerlicher Pragmatismus“ mit: Die Ehe gehört für Bucer zu den Dingen, die Gott den Menschen geschenkt hat, wie „süesser guter geschmack, geruch, farben, gestalten, getöns vnd anderer lustlicher vnnd zierlicher dingen.“[56] Dinge, die Gott den Menschen allein zu dem Zweck geschenkt hat, so Bucer, „das die leüt sich hie mit eynandery lieplich, lustlich vnnd anmuetig machen“,[57] ohne dass ein besonderer Nutzen daraus entspringt, außer dass sie Freude aneinander haben und ihre Freundschaft vertiefen. Bucer kommt zu folgendem Schluss: „Dis ist aber dan so ein grosser nutz, das er nit auß zusprechen ist. Dan wo es an dem fehlet, das die leut zu einander ware lieb vnnd lust haben, so fehlets am gantzen menschlichen leben.“[58] Pragmatische Einsicht in die Unentbehrlichkeit spontaner, ungezwungener Freude aneinander für das Gelingen menschlicher Gemeinschaft ist somit ein Bestandteil der Theologie Bucers.

Dieser theologische Pragmatismus tritt nicht nur in Bucers Eheschriften, sondern auch in völlig anderen Gebieten zutage, etwa bei seiner Auseinandersetzung mit den Täufern. Im Streit über die Hermeneutik der Heiligen Schrift hält Bucer dem biblischen Literalismus der Täufer entgegen, dass nicht das schriftgemäß ist, was dem Buchstaben der Bibel entspricht, sondern das, was den Glauben und die Liebe fördert.[59] In seiner *Beständigen Verantwortung*[60] vom Herbst 1544 rechtfertigt Bucer seinen Kölner Reformationsentwurf auch unter dem Hinweis, dass dieser allein das abgeschafft habe, was „dem Glauben vnd der Liebe vnd darumb auch Christlicher freyheyt gewißlich entgegen vnd verhinderlich ist.“[61] Die Bibelstelle II Kor 10,8, in der Paulus von der ihm von Gott gegebenen Vollmacht spricht, „euch zu erbauen, und nicht euch zu zerstören“, wird oft in diesem Zusammenhang von Bucer angeführt. Wenn Kaspar Schwenckfeld auf sein Recht pocht, auf jegliche Abendmahlsfeier zu verzichten, weil ihr „brauch frey sey“, entgegnet Bucer: „Dis vnnd annders ist frei, aber also, das man mit bede – brauchen vnd nit brauchen – auffbawe, nit zerstere.“[62] Auch wenn es darum geht, seine Gegner im altgläubigen Lager in die Schranken zu weisen und ihnen ihre Autorität abzuerkennen, greift Bucer auf diesen Vers zurück, etwa in der Schrift *Von Kirchengütern*: „Dann einmal ist vnd kan auch kein gewalt in der Kirche Christi sein, dann allein zur besserung vnd mit nichten zu irgendeinem schaden vnd nachteil der kirche“.[63] In seinem Gutachten

56 BDS 10, S. 346,1 f.
57 BDS 10, S. 346,4 f.
58 BDS 10, S. 346,9–11.
59 BDS 14, S. 373,8–26; S. 374,7–17.
60 BDS 11,3, S. 23–672.
61 BDS 11,3, S. 97,18–24.
62 BDS 14, S. 319,5 f.
63 BDS 12, S. 323,17 f.

für den Hamburger Rat[64] schärft Bucer ebenfalls ein: Nicht einmal Kaiser und Fürsten haben Gewalt über die Kirche, außer zu ihrer Besserung.[65] Wenn Bucer also kirchenorganisatorische Maßnahmen trifft oder gutachterliche Empfehlungen formuliert, scheint er sich von der folgenden, an II Kor 10,8 angelehnten impliziten Frage leiten zu lassen: „Baut dieses Vorhaben die Kirche auf oder schadet es ihr? Bringt es der Kirche Nutzen oder Verderben?"

Eng verwandt mit diesem seelsorgerlichen Pragmatismus ist die eigentümliche Spannung zwischen Äußerem und Innerem, die Bucers Theologie eignet[66] und die wir besonders in seiner Abendmahlstheologie und seinem Taufverständnis beobachten können.[67] Die Zeitspanne zwischen den Jahren 1527 und 1534 stellt eine besonders dichte Periode in der theologischen Entwicklung Bucers dar – eine Zeit, während der er seine Abendmahlsposition mit neuen exegetischen Einsichten und theologischen Sprachbildern zunehmend präzisiert und dabei hermeneutische Brücken baut, die ihn allmählich näher an Luther heranbringen.[68] Er ist hierbei stets bestrebt, die für ihn typische strikte Unterscheidung zwischen dem äußeren Zeichen und der inneren, gottgewirkten Gabe aufrechtzuerhalten, aber zugleich auf eine im Wort Gottes begründete Korrelation oder Verknüpfung zwischen beiden Ebenen hinzuweisen. Diese Korrelation findet er spätestens ab 1527 durch die Bibelstelle I Kor 3,5–9 bezeugt: Die Verwalter der Sakramente sind, wie Apollos und Paulus, lediglich Gottes Mitarbeiter, sie sind es, die durch ihre äußere Handlung pflanzen und gießen. Aber das Gedeihen gibt Gott. Nur er schenkt das Heil. 1528 kommt der von Luther übernommene Begriff der *unio sacramentalis* hinzu.[69] Nach Bucers Interpretation garantiere diese sogenannte „sakramentliche Einigkeit", dass Brot und Wein keine leeren Zeichen seien, sondern dass uns im Abendmahl mit Brot und Wein tatsächlich Christi wahrer Leib und sein wahres Blut dargereicht werden, und zwar „zu warer speiß vnd warem tranck des ewigenn lebens".[70] Schließlich

64 Vgl. oben Anm. 21.

65 BDS 12, S. 526f.

66 Vgl. hierzu etwa W. Peter Stephens, The Holy Spirit in the Theology of Martin Bucer, Cambridge 1970, S. 196–212 und 264–268; Herman Selderhuis, Huwelijk en Echtscheiding bij Martin Bucer, Leiden 1994 (Kerkhistorische Monografieën 1), S. 320f. (= englische Übersetzung: Marriage and Divorce in the Thought of Martin Bucer, Kirksville, Missouri 1999, S. 286f.).

67 Ausführlich zum folgenden: Stephen Buckwalter, Die Entwicklung einer eigenen Position. Bucer und die innerprotestantische Abendmahlskontroverse bis zum Tod Zwinglis und Oekolampads, in: Martin Bucer zwischen den Reichstagen von Augsburg (1530) und Regensburg (1532), hg. v. Wolfgang Simon, Tübingen 2011 (Spätmittelalter, Humanismus, Reformation 55), S. 98–107.

68 Vgl. die detaillierte Analyse bei W. Ian P. Hazlett, The Development of Bucer's Thinking on the Sacrament of the Lord's Supper in its historical and theological Context 1523–1534. Diss. theol. masch. Universität Münster 1975.

69 Vgl. Hazlett, Development (s. Anm. 68), S. 243f.

70 BDS 8, S. 92,19f.

entdeckt Bucer in den griechischen Kirchenvätern – vermittelt durch Oekolampad – Kronzeugen für ein Verständnis des Abendmahls, das dieses auf eine fast materiale Weise umschreiben kann, ohne dessen letztendlich geistlichen Charakter in Frage zu stellen.[71]

Eine ähnliche theologische Entwicklung vollzieht sich in Bucers Taufverständnis, das natürlich stark von seiner Auseinandersetzung mit den in Straßburg immer zahlreicher auftretenden Täufern beeinflusst ist. Auch hier ist Bucer bestrebt, zwischen dem äußeren Zeichen der Wassertaufe und der gottgewirkten Gabe der Geisttaufe streng zu unterscheiden. Durch das Theologumenon der Erwählung gelingt es ihm, die Kindertaufe zur Abwehr der täuferischen Erwachsenentaufe aufzuwerten, ohne die Heilsgewissheit an ein äußeres Zeichen zu binden. Das Heil des Menschen geht nach Bucers Verständnis einzig und allein auf Gottes Erwählung zurück, nicht auf irgendeine äußere menschliche Handlung.

Aber die „Tatsache der Erwählung", um Gottfried Hammann zu zitieren, erfordert „eine sichtbare [...] Gemeinschaft."[72] Oder anders ausgedruckt: „Die Auserwählten haben einen institutionellen Rahmen für ihre Gemeinschaft nötig."[73] Eingang in diese institutionelle, äußere Kirche erlangt man durch die Wassertaufe. Sie ist die öffentliche Beglaubigung des Eintritts in die Kirche.

Einen wahreren Zugang zur Gemeinschaft der Auserwählten, eine wahre Integration in den Leib Christi, also eine „Geisttaufe" bedeutet dieses Wasserbad aber nur für die Auserwählten. Und da wir Menschen nicht in der Lage sind, zwischen Erwählten und nicht Erwählten zu unterscheiden, muss „allen der Zugang zur Herde Christi offen" gehalten werden.[74] Die Kindertaufe ist also für Bucer eine ekklesiologische Notwendigkeit.

Die äußere Kirche ist für Bucer niemals mit der Gemeinschaft der von Gott Erwählten identisch. Einzug in die Erwählungsgemeinschaft erhält man nur durch die Geisttaufe. Diese Geisttaufe ist jedoch „an das ‚äußere Bad' gebunden, weil Christus es so gewollt hat,"[75] ebenso wie er gewollt hat, dass die gläubigen Seelen mit der Darreichung der Abendmahlselemente Brot und Wein Leib und Blut Christi empfangen.[76] Obwohl die Geisttaufe und die geistliche Nießung des *cibum animae* mit der Wassertaufe und der Darreichung des Brotes und des Kelches niemals identisch sind, bekommen die Erwählten mit dem einen auch das andere.

[71] Vgl. Hazlett, Development (s. Anm. 68), S. 320–322; Greschat, Bucer (s. Anm. 17), S. 120 f.

[72] Gottfried Hammann, Entre la secte et la cité. Le projet d'Église du Réformateur Martin Bucer (1491–1551), Genf 1984, S. 164 (= deutsche Übersetzung: Martin Bucer 1491–1551. Zwischen Volkskirche und Bekenntnisgemeinschaft, Stuttgart 1989, S. 139).

[73] Ebd., S. 162 (= deutsche Übersetzung, S. 137).

[74] Ebd., S. 206 (= deutsche Übersetzung, S. 171).

[75] Ebd., S. 205 (= deutsche Übersetzung, S. 170).

[76] Vgl. Hazlett, Development (s. Anm. 68), S. 344.

Lässt sich dieses eigentümliche Miteinander von Äußerem und Innerem, von exteriora und interiora in Bucers Theologie[77] näher bezeichnen, lassen sich seine Wurzeln klarer präzisieren? Schon der Titel eines bereits 1981 veröffentlichten Aufsatzes von Berndt Hamm weist uns hier einen möglichen Weg: „Unmittelbarkeit des göttlichen Gnadenwirkens und kirchliche Heilsvermittlung bei Augustin".[78] In der Tat beschreibt Hamm in diesem Aufsatz, wie der nordafrikanische Kirchenvater zwischen dem Wirkungsbereich der institutionellen Amtskirche und Gottes souveränem Gnadenwirken in Menschen, zwischen dem Handeln der Kirche und dem Handeln Gottes streng unterscheidet und dennoch das Heil von der Zugehörigkeit zur sichtbaren institutionellen Kirche abhängig macht.[79] In einer vor kurzem erschienenen Studie über reformatorische Medialität[80] vertieft er diese Ansichten und hebt die Rezeption dieser typisch augustinischen Ekklesiologie durch die Reformatoren hervor. Nach Augustins Verständnis, so Hamm, kommt das Gnadenlicht in das Innerste des Menschen allein von Gott her, ohne sich einer kreatürlichen Vermittlung zu bedienen. Zugleich will Gott aber „Gnade und Heil nicht ohne die Beteiligung der institutionellen Kirche schenken."[81] „Diese augustinische Konzeption, die das interne Geistwirken und die externe Kirchlichkeit auseinanderhält und doch intensiv einander zuordnet"[82] sei, so Hamm, besonders von Martin Bucer und Johannes Calvin rezipiert worden, da sie „ebenfalls ontologisch eine unendliche Kluft zwischen der unmittelbar wirkenden Geistsphäre Gottes und aller endlichen Kreatürlichkeit sehen, ohne doch ekklesiologisch zu Spiritualisten zu werden."[83]

IV.

Ich komme zum Schluss. Wohl wissend um die Schwierigkeit, Bucers Denken angemessen zusammenzufassen, möchte ich zumindest als Vorschlag folgendes theologisches Profil der jüngst erschienenen Bände skizzieren: In ihnen begegnet uns ein Reformator, der die Heilige Schrift als Gesetz Gottes auffasst und

77 Vgl. oben Anm. 66.

78 Berndt Hamm, Unmittelbarkeit des göttlichen Gnadenwirkens und kirchliche Heilsvermittlung bei Augustin, in: ZThK 78 (1981), S. 409–441.

79 Vgl. bes. ebd., S. 430–437.

80 Berndt Hamm, Augustins Auffassung von der Unmittelbarkeit des göttlichen Gnadenwirkens und die Reformatorische Medialitätsproblematik, in: Medialität, Unmittelbarkeit, Präsenz. Die Nähe des Heils im Verständnis der Reformation, hg. v. Johanna Haberer und Berndt Hamm, Tübingen 2012 (Spätmittelalter, Humanismus, Reformation 70), S. 45–64.

81 Ebd., S. 50.

82 Ebd., S. 51.

83 Ebd., S. 61.

entschlossen ist, durch reformatorische Maßnahmen, Kirchenordnungen und gutachterliche Empfehlungen, dieses in die Wirklichkeit umzusetzen. Seine kirchengestalterischen Bestrebungen sieht er selbst als stringent christologisch fundiert und in der reformatorischen Rechtfertigungslehre verankert an. Beinahe gesetzlich wirkenden Biblizismus verbindet er mit einem pragmatischen Gespür für die Wirklichkeit menschlichen Zusammenlebens. Sein seelsorgerlicher Pragmatismus schlägt sich in einer von Augustin geprägten Ekklesiologie nieder, die zwischen der äußeren institutionalisierten Kirche und der unsichtbaren Gemeinschaft der Heiligen zu unterscheiden weiß. Zwar bleibt die äußere menschliche Institution für die Vermittlung von Heil unentbehrlich, aber letztlich ist es allein Gott, der Heil schenkend am Menschen handelt.

Wolfgang Simon

Martin Bucer – Vermittler, Helfer, Freund und Familienvater

Notizen aus seinem Briefwechsel der Jahre 1531 bis 1533

Briefe, insbesondere wenn sie privat geschrieben sind, setzen einen geschützten Kommunikationsrahmen, in dem Äußerungen fallen dürfen, die nicht für die Öffentlichkeit bestimmt sind. So gewähren Bucers Briefe nicht nur Einblicke in seine persönlichen Anliegen, sondern offenbaren auch Differenzen zu Haltungen, die Bucer in der Öffentlichkeit einnimmt. Das gilt zunächst für Bucers Lebensthema, seine Vermittlungsbemühungen in der innerprotestantischen Abendmahlskontroverse.

1. Bucer der Vermittler

Hier scheiden sich bekanntlich die Geister: War er ein Taktiker ohne Substanz oder ein Fanatiker der Einheit, der die Kombattanten des Abendmahlsstreits besser zu verstehen wusste als diese sich selbst? Bucer war beides (und das wusste er auch!):

– Bucer der Taktiker
Nehmen wir etwa den Kondolenzbrief an Anna Zwingli nach dem Tode ihres Mannes in der Schlacht von Kappel. Er endet mit einer ungewöhnlichen Bitte:

> Der brieff halb, so yr von vnß an e[ueren] getrewen gemahel, vnsern liebsten herren vnd bruder, noch habet, bitt ich, wöllents nur durchs feur abweg thun. Dann obwol etwan mancher on ergernuß von meniglich mochte gelesen werden, so sind doch auch drunder, die man vnrecht deuten möchte, ob wyr wol nichs dann Gottes eer gesucht vnd gemeynet haben.[1]

Bucer weiß also sehr genau, dass das, was er an Zwingli geschrieben hat, seinen aktuellen Vermittlungsversuchen schädlich sein könnte und im Falle einer Veröffentlichung eine Seite an ihm offenbarte, die er lieber verbergen will.

1 Bucer an Anna Zwingli vom 28.11.1531 (BCor 7, Nr. 514, S. 69,14–S. 70,3).

Das zeigt sich auch an Bucers Haltung im Kemptener Predigerstreit.[2] Hier hat er auf Bitten des Kemptener und Straßburger Rates ein Gutachten verfasst.[3] Darin würdigt Bucer alle Kombattanten als wahre Christen, die im Grunde einig seien. Geschickt beruft er sich immer wieder auf Luther und rät den Kollegen, auf die Reizwörter des Abendmahlstreits zu verzichten. Stattdessen sollen sie biblische oder patristische Formulierungen gebrauchen. Dann werden sie sich einmal wundern, überhaupt in einen solchen Streit geraten zu sein.

Anders als die beiden anderen Gutachten zur Sache aus Augsburg und aus Nürnberg stellt Bucer sich ausdrücklich nicht auf eine Seite, sondern betont die Gemeinsamkeiten. Mit diesem Plausibilitätsvorsprung der goldenen Mitte überzeugt er auch den Kemptener Rat, der die anderen Gutachten unterdrückt und seine Prediger Bucers vermeintliche Mittelposition unterzeichnen lässt.

In Wahrheit allerdings steht Bucer klar auf der Seite Jakob Haistungs, des Zwingli verpflichteten Predigers. Das offenbart der Brief an Ambrosius Blarer vom 4. Januar 1533:[4] Dem diskreten Freund schreibt Bucer: An den Bekenntnissen der beiden Kemptener Lutheranhänger wäre viel zu kritisieren gewesen, Haistungs Position hingegen billige er zur Gänze. Blarer solle Haistung entsprechend informieren, da Bucer, um unparteilich zu wirken, ihm das nicht persönlich schreiben könne. Haistung sollte Bucers Vermittlungsvorschlag aber auf jeden Fall unterzeichnen, verletzten die lutherischen Prediger die Abmachung, seien sie umso leichter zu entlassen. Und so kam es auch: Als den beiden Lutheranern klar wird, was sie da unterzeichnet haben, ziehen sie ihre Unterschrift zurück, werden entlassen und durch Paul Rasdorfer sowie Georg Veit Kappeler ersetzt, die eine oberdeutsch-zwinglianische Position vertreten.[5]

– Bucer der Überzeugungstäter

Das ist freilich nur die eine, die diplomatische, ja taktische Seite des Vermittlers Bucer. Gerade in seinen Briefen offenbart Bucer auch eine andere Seite, indem er deutlich macht, dass hinter seinem Engagement nicht nur kirchenpolitische Opportunität steckt. Bucer ist wirklich davon überzeugt, dass die Parteien im Grunde eins sind und nur um Worte streiten. So schreibt Bucer an Philipp von Hessen, er würde sich sogar töten lassen, wenn er auf einem Konzil diese grundsätzliche Einigkeit nicht erfolgreich begründen könnte.[6] Bucers taktisches Ver-

[2] Dort war es zwischen dem Prediger Jakob Haistung, der sich Zwinglis Abendmahlsauffassung verpflichtet wusste, und seinen Kollegen Johannes Rottach sowie Johannes Seger, die sich an Luther orientierten, zu einer heftigen Auseinandersetzung um die Gegenwart Christi im Abendmahl gekommen. Vgl. dazu das Schreiben Thomas Gassners an Bucer vom 29.8.1532 (BCor 8, Nr. 624, S. 275,9–S. 276,3, insbes. Anm. 11).

[3] Es wurde mustergültig ediert von Stephen Buckwalter in BDS 8, Nr. 4, S. 55–154.

[4] BCor 9, Nr. 648, S. 86–93.

[5] Vgl. Ambrosius Blarer an Bucer vom 15.3.1533 (BCor 9, S. 167, 7–S. 168, 9).

[6] Brief vom 11.7.1533, BCor 10, Nr. 714, S. 36, 11–16.

halten ist also nicht Ausdruck einer kirchenpolitischen Opportunität. In seinen Augen steht es vielmehr im Dienst einer gemeinsamen Wahrheit, welche die Kombattanten einfach noch nicht erkannt haben. Am Ende, da ist Bucer sich sicher, wird sich diese Wahrheit aber durchsetzen. Diese hinter dem erbitterten Streit liegenden Gemeinsamkeiten führt Bucer in Briefen an Bonifatius Wolfhart[7], Leo Jud[8] und Heinrich Bullinger[9] insbesondere den Theologen vor Augen, die sich an Zwingli orientieren[10]: Beide Parteien, meint Bucer, lehnen doch eine Wirkung des Sakraments ex opere operato ab, beide machen den Leib Christi nicht zu einer Speise für den Bauch, und keiner behauptet eine physische Identität des Leibes mit dem Brot. Für Bucer entscheidend ist die soteriologische Dimension des Abendmahls. Und hier sind sich Lutheraner und Zwinglianer einig, dass ein Christ allein im Glauben und nicht aus Werken gerechtfertigt wird. Beide bekennen sich gemeinsam zu Christus, dem wahren Menschen und wahren Gott, als dem einzigen Retter. In diesem Licht erscheint die innerprotestantische Abendmahlskontroverse – modern gesprochen – als das Vergessen eines Grundkonsenses, der sich eben in den Fragen, wie das Brot wahrer Leib sei und auf welche Weise Christi Leib empfangen werde, ausdifferenziert.

Dabei verkennt Bucer keinesfalls, dass in diesem Streit auch Positionen vertreten werden, die miteinander unvereinbar sind. Wenn etwa Lutheraner wie Johannes Seeger oder Johannes Rottach in Kempten übersehen, dass Luthers Rede vom Brot auf einer *unio sacramentalis* basiert, dann vertreten sie tatsächlich etwas anderes als die Schweizer. Und wenn auf der anderen Seite die Ulmer Martin Frecht und Konrad Sam, ja zuweilen auch Zwingli selbst, verkennen, dass das Abendmahl nicht nur in einer wechselseitigen Bezeugung besteht, dann verlieren auch sie die gemeinsame Basis.[11] Damit stellt Bucer eine auch für die heutige Ökumene wegweisende Frage: Bis zu welchem Punkt sind unterschiedliche theologische Anliegen noch als Ausdifferenzierung eines Grundkonsenses zu verstehen und ab wann müssen sie als einander ausschließende Gegensätze verstanden werden?[12]

Dass bei Bucers Vermittlungsbemühungen nicht taktisch – machtpolitische Vorteile, sondern die theologische Überzeugung im Vordergrund steht, zeigt sein kategorisches Nein da, wo ein Ja opportun gewesen wäre. Das gilt etwa für

7 Ende Mai 1532, BCor 8, Nr. 591, S. 73–123.
8 23.6.1532, BCor 8, Nr. 598, S. 150–165.
9 Ende August 1532, BCor 8, Nr. 626, S. 281–369.
10 Vgl. die ausführlichere Zusammenfassung in BCor 8, S. XXVII–XXXI.
11 Zu den expliziten Grenzen des Konsenses vgl. BCor 10, S. XXX.
12 Zu Bucers Wahrheitsverständnis in dieser Frage vgl. Wolfgang Simon, Die Überschreitung der Grenze: Bucers Annahme der Confessio Augustana und deren Apologie, in: Wolfgang Simon (Hg.), Martin Bucer zwischen den Reichstagen von Augsburg (1530) und Regensburg (1532). Beiträge zu einer Geographie, Theologie und Prosopographie der Reformation, Tübingen 2011, S. 108–124 (Spätmittelalter, Humanismus, Reformation 55).

Bucers Haltung in der Eheangelegenheit Heinrichs VIII. von England. Der König hätte für eine theologische Absegnung seiner Trennung von Katharina von Aragon bekanntlich viel gegeben. Das erkennt auch der Basler Gräzist Simon Grynaeus nach seiner Audienz bei Heinrich. Angesichts der ablehnenden Haltung Roms wittert Grynaeus eine große Chance für die Ausbreitung der Reformation in England, wenn die evangelischen Theologen die Ehe Heinrichs nur königsfreundlich beurteilen könnten. Eben dazu sucht er Bucer zu bewegen und malt ihm die Zukunft der englischen Reformation in den leuchtendsten Farben aus. Doch Bucer bleibt trotz aller Verlockungen standhaft: Die Ehe mit Katharina von Aragon ist und bleibt gültig, der König soll sich eben dreinschicken.[13]

– Das Los des Vermittlers

Der Kemptener Abendmahlsstreit zeigte bereits, dass Bucer in einem geschützten Privatbrief anders kommuniziert als in Dokumenten, die für die Augen der Öffentlichkeit bestimmt sind. So gewähren die Briefe auch Einsicht in die Gefühlslage des Vermittlers Bucer. Diese ist, gerade was den Abendmahlsstreit angeht, zu Beginn der 30er Jahre alles andere als optimistisch; Bucer ist frustriert und zweifelt an sich selbst. So schreibt er an Leo Jud:

> Ich für meinen Teil wälze den Stein, dass sie uns und unseren Dienst nicht so schroff verfolgen und so gottlos verdammen möchten, schon von Beginn dieses Zwistes an, (nun) aber mit größerem Eifer, weil mit etwas bestimmterer Hoffnung seit der Publikation von Luthers letztem Bekenntnis. Denn diesem habe ich mit Bestimmtheit entnommen, dass Luther in dieser Sache von uns weniger in seinem Denken als in seinen Worten abweicht. Zuerst versuchte ich daher durch einen Dialog, den ich in der Volkssprache herausgab, unsere Übereinstimmung darzulegen. Dann habe ich das unternommen, als wir in Marburg zusammenkamen, danach in Augsburg, schließlich habe ich darüber auch in Coburg und Zürich mit den Führern dieses Streits persönlich verhandelt, natürlich damit sie erkennen sollten, dass unter ihnen der Sache selbst nach Übereinstimmung herrscht. Nun war das aber, jedenfalls bis auf den heutigen Tag, auf ganzer Linie erfolglos.[14]

Wie leicht ein Vermittler zwischen beiden Stühlen sitzt, das zeigt Theobald Nigris wütendes Schreiben an Bucer vom 4. Oktober 1531, das auf Bucers Vermittlungsbemühungen zwischen den Augsburger Predigern folgendermaßen reagiert:

[13] Vgl. dazu Wolfgang Simon, Der Basler Gräzist Simon Grynaeus und die Eheangelegenheit König Heinrichs VIII. im Spiegel der Bucerbriefe, in: Christine Christ-von Wedel, Sven Grosse und Berndt Hamm (Hg.), Basel als Zentrum des geistigen Austauschs in der frühen Reformationszeit, S. 203–213 (Spätmittelalter, Reformation und Humanismus 81).

[14] Bucer an Jud vom 23.6.1532, BCor 8, Nr. 598, S. 156,19–S. 158,2.

> Sieh, … wie unglücklich Dein Brief … ausgefallen ist. Deshalb bitte ich dich in deinem eigenen Interesse, dass du vorsichtiger bist, wenn du Briefe schreibst … . [Du sitzt] in deinem Heizgewölbe, das für alle offen steht, und lässt das, was die Freunde dir schreiben, dann immer weit hinausströmen und wirfst es wieder zurück [in die Diskussion]. Ich will, dass das besser wird. Halte dich zurück, halte dich zurück![15]

2. Bucer der Helfer

In einer Vielzahl von Briefen wird Bucer um Hilfe gebeten. Bucer empfiehlt, Bucer vermittelt eine Stelle, Bucer legt ein gutes Wort ein, Bucer spendet. Etwa im Falle des Humanisten und späteren Gegners Jakob Ziegler. Er will 1531 aus Italien zurückkehren, kann die notwendigen Mittel aber nicht aufbringen. So organisiert Bucer eine Sammlung unter den Kollegen, die Ziegler schließlich eine Reise nach Straßburg ermöglicht.[16]

Als der unbekannte badische Buchhändler Johannes Rimpius erkrankt, setzt Bucer sich für ihn bei den geschäftstüchtigen Straßburger Druckern ein und bittet sie im Blick auf die ausstehenden Zahlungen um Geduld.[17] Leonhard Kegel wird eine Stelle als Hilfslehrer am Straßburger Gymnasium vermittelt,[18] Jakob Otter nach Esslingen lanciert,[19] Georg Pistor nach Zweibrücken[20] und der badische Exulant Johannes Graf nach Altstetten in der Schweiz[21], wo der zweite Kappeler Landfrieden zu einer Inflation an Vakanzen geführt hat. Bei allen Personalia versucht Bucer, mit Einfühlungsvermögen und Menschenkenntnis zu vermitteln.

Allerdings führt Bucers Hilfe nicht immer zum Ziel. Das zeigt der Fall Georg Pistor. Ihn empfiehlt Bucer im Januar 1532 als „fromm, solide und nicht ganz ungelehrt“[22] nach Zweibrücken. Dort aber entpuppt Pistor sich als Heißsporn, der den fragilen Kompromiss zwischen dem altgläubigen Pfarrer Johannes Meisenheimer und dem der Reformation zugewandten Johannes Schwebel auf das Höchste gefährdet, indem er auf das sofortige Verbot aller altgläubigen Riten drängt und gegen seinen Ortskollegen Johannes Schwebel mit den Dissi-

15 BCor 6, Nr. 481, S. 179, 25–29.
16 Vgl. BCor 6, S. 34 Anm. 8.
17 Vgl. Christoph Siegel an Bucer vom 20.11.1532 (BCor 9, Nr. 639, S. 44,11 – S. 45,17; Martin Frecht an Bucer vom 29.12.1532 (ebd., Nr. 646, S. 76, 5 – S. 77, 8).
18 Kegel nimmt die Stelle am Ende allerdings nicht an, vgl. sein Schreiben an Bucer vom 21.9.1531 (BCor 6, Nr. 467, S. 132–134).
19 Vgl. BCor 8, S. XV.
20 Vgl. BCor 7, S. XVIII.
21 Vgl. BCor 10, S. XVI.
22 Bucer an Johannes Schwebel vom 23.1.1532 (BCor 7, Nr. 546, S. 226,1 f.).

denten gemeinsame Sache macht.[23] Auf Schwebels Klage mahnt Bucer Pistor zwar, am Ende (1538) aber wird er aus seiner Stelle entlassen.[24]

3. Bucer der Freund

Der engste Freund im vorliegenden Zeitraum ist ohne Zweifel Ambrosius Blarer. Seit den gemeinsamen Tagen in Ulm, wo sie mit Johannes Oekolampad die Reformation einführten, besteht zwischen beiden eine enge Beziehung. Ein Beispiel für Bucers Vertrauen zu Blarer ist seine Klage über die Straßburger Ortskollegen in seinem Brief vom 16. November 1533:

> Capito[25] ist jetzt ganz auf unserer Seite – wenn er es nur immer gewesen wäre! Er wird aber elend abgehalten und ausgenommen durch seine Wohltätigkeit gegenüber Unwürdigen und zur Unzeit. Hedio[26] ist hübsch christlich, er hat aber Grenzen. Innerhalb derer ist er vortrefflich; wenn Du ihn aber darüber hinaus drängst, schaust Du einem Herren in die Augen, und [bekommst gesagt], dass Du Unbilliges forderst. Matthäus[27] ist zwar fromm, aber von einem durchaus unreifen und weiberbeherrschten Gemüt, und das durch eine [Ehefrau Katharina], die von Sinnen ist vor Selbstliebe. Und was ist mir dir, mein Bucer? Tausendfach, tausendfach elend bin ich, der ich ein bisschen erkenne, aber ein Ziel verfolge, das eitler ist als das eines Träumers, ein Ziel, ich fühle es, für das ein ganzes Leben aufzuwenden wäre. … Du fragst vielleicht: Was soll das jetzt? Es ist nur Bitterkeit.[28]

4. Bucer der Familienvater

Eine besondere Beziehung pflegt Bucer Anfang der dreißiger Jahre auch zu Margarethe Blarer, die einen eigenen, leider nicht erhaltenen Briefwechsel mit seiner Frau Elisabeth unterhält. In Bucers Briefen an Margarethe erhalten wir Einblicke in das Leben seiner Familie, in dem auch Spannungen zwischen dem Ehepaar Bucer nicht fehlen. Elisabeth führt einen großen Haushalt, neben den vier eigenen Kindern versorgt sie sieben Schulknaben, die bei den Bucers untergebracht sind. Als Helferinnen hat sie eine halbtags beschäftigte Magd, die für

[23] Vgl. BCor 9, S. XX f.
[24] Vgl. BCor 9, S. 334.
[25] Wolfgang Capito, Pfarrer an Jung-St. Peter und Propst an St. Thomas in Straßburg.
[26] Kaspar Hedio, Prediger am Straßburger Münster.
[27] Matthias Zell, Prediger am Straßburger Münster.
[28] Bucer an Blarer vom 16.11.1533 (BCor 10, S. 340,4–14).

Holz und Wasser zuständig ist, sowie ein Kindermädchen.[29] Anders als ihr Ehemann sorgt Elisabeth sich um die finanzielle Lage der Familie. Bucer indes belasten die Schulden, die er für die im Frühjahr 1533 unternommene Reise in die Schweiz gemacht hat, kein bisschen. Als er erfährt, dass Elisabeth von Margarethe Blarer 20 Goldgulden zur Tilgung bekommen hat, amüsiert Bucer sich über den vermeintlichen Kleinmut seiner Frau und schickt die Hälfte der Schenkung zu Margarethes Ärger umgehend zurück.[30] Den Rest teilt Bucer auf: 5 Gulden gibt er dem mittellosen Venezianer Bartholomeo Fonzio für die Operation seines Hernienbruches und 5 Gulden behält er, investiert sie allerdings nicht als Rücklage für die Familie, sondern in den Kauf von Büchern – was die Stimmung seiner Frau nicht unbedingt aufgehellt haben dürfte. Ohnehin ist Elisabeth beleidigt, als sie erfährt dass Bucer ihr – angeblich aus Zeitmangel – von der Schweiz-Reise nicht schreiben konnte, andererseits aber die Zeit fand, in Konstanz zu predigen.[31]

Aus heutiger Sicht erstaunlich ist, wie robust (um nicht zu sagen unsensibel) der sonst so einfühlsame Bucer über Leid in seiner Familie berichtet. Als seine kleine Tochter Irene nach nur 6 Monaten Lebenszeit qualvoll an der Roten Ruhr stirbt, schreibt er an deren Patin Margarethe Blarer beiläufig und weit hinten in der Rangfolge des Briefes:

> By vnß [in Straßburg], sye dem Herren lob, goht es leiplich noch leydlich. Alleyn haben wyr morgen achtag eyn kleyns creutzlin enpfangen. Hat vnß der Herr vnser iungste tochter Irenen[32], gar eyn hubschd, lieb, verstendigs kindlin (so daucht es vnß eulen), zu ym genumen. Ym sye lob vnd gebs vnß zu guten zu tragen! Siben tag hat es die rote rur mit hochsten schmertzen erlitten. Der herr gebe vnß allweg das zu bedencken, dann vmb vnser sund willen hat es gelitten.[33]

Aus heutiger Sicht ebenso robust ist Bucer im Blick auf Elisabeth. Scherzt er im November 1531 noch, möglicherweise könne er sich verbessern, wenn er Witwer würde und Margarethe Blarer heiratete,[34] so gibt er im Dezember unumwunden zu, er habe den zum Witwer gewordenen Wolfgang Capito zwar lieb, werde ihn aus Eigeninteresse aber nicht mit Margarethe Blarer verkuppeln.[35] Und Anfang September 1533 schreibt er Ambrosius Blarer, zwar danke er Gott, dass er gerade keine Frau brauche, könne aber keinesfalls zum Initiator einer

29 Bucer an Margarethe Blarer vom 20.8.1533 (BCor 10, Nr. 733, S. 125).
30 Bucer an Margarethe Blarer vom 5.6.1533 (BCor 9, Nr. 696, S. 250,3–10). Vgl. BCor 9, S. XXVII.
31 Bucer an Margarethe Blarer vom 17.6.1533 (BCor 9, Nr. 704, S. 275,1 f.).
32 Irene Bucer (geb. 5.1.1533, gest. 2.8.1533).
33 Bucer an Margarethe Blarer vom 8.8.1533 (BCor 10, Nr. 727, S. 105,15–S. 106,3).
34 Bucer an Margarethe Blarer vom 13.11.1533 (BCor 7, Nr. 505, S. 26,1–4).
35 Bucer an Margarethe Blarer vom 8.12.1531 (BCor 7, Nr. 519, S. 87,12–S. 88,2).

Ehe Margarethes mit einem anderen werden.[36] Offenbar will Bucer sich die Möglichkeit, Margarethe nach dem Tod Elisabeths zu heiraten, nicht verbauen. Tatsächlich überlebte Bucer seine Frau Elisabeth um fast zehn Jahre. Zu einer Hochzeit mit Margarethe kam es freilich nicht, denn sie starb am 15. November 1541 – genau einen Tag vor Elisabeth Bucer.

36 Bucer an Ambrosius Blarer von Anfang September 1533 (BCor 10, Nr. 739, S. 146,1–3).

Eike Wolgast

Gesinnungsethik und Verantwortungsethik – Martin Bucer und Jakob Sturm im Kampf um die Einführung des Interims in Straßburg

1. Gesinnungs- und Verantwortungsethik – Begriffsklärung

Mit der Überschrift „Gesinnungsethik und Verantwortungsethik" wird bewusst die berühmte Formel von Max Weber aus seiner Schrift „Politik als Beruf" von 1919 aufgegriffen.[1] Weber definierte als Gesinnungsethik: Was ist für den Handelnden ethisch geboten – ohne dass nach den voraussehbaren Folgen dieses Handelns gefragt wird. Demgegenüber gilt für die Verantwortungsethik: Was ist ethisch geboten und was sind die voraussehbaren Folgen des Handelns, für die der Handelnde einzustehen hat. Es ließe sich auch formulieren: Gesinnungsethik ist gewissenstaugliche Ethik, Verantwortungsethik ist politiktaugliche Ethik. Damit soll jedoch nicht unterstellt werden – auch Weber hat dies nicht getan –, dass der Verantwortungsethiker kein Gewissen hätte, nur zieht er andere Konsequenzen als der Gesinnungsethiker. Auf die Straßburger Situation 1548/49 projiziert, sind die Zuordnungen eindeutig. Martin Bucer setzte auf Gott und ein dem entsprechendes Verhalten des Menschen: Gebet und Buße sowie Bereitschaft, notfalls die Strafe Gottes anzunehmen. Jakob Sturm, als Stättmeister der einflussreichste Politiker der Reichsstadt – bei seinem Tod im Oktober 1553 wurde ihm nachgerühmt: „er istz register und der wagenman gewesst"[2] –, war kein Machiavellist oder Opportunist, orientierte sich aber an seiner Verantwortung für die Stadt und deren Einwohner und bemühte sich, unter Nutzung des politisch-diplomatischen Instrumentariums sehr pragmatisch, das bonum commune zu wahren. Im konkreten Ziel war er durchaus mit Bucer einig: Rettung des evangelischen Kirchenwesens, aber in den Mitteln zur Erreichung des Ziels unterschied er sich diametral von Bucer. Bezeichnend ist sein Selbstzeugnis, das Ambrosius Blarer im Mai 1549 Heinrich Bullinger mitteilte: „Wann er eigentlich wisste, das es gott gefiele, er wellte sack und bendel,

1 Vgl. Max Weber, Gesamtausgabe Abt. 1, 17, Tübingen 1992, S. 157–252, insbes. S. 237 f.; vgl. auch Hans Reiner, Art. Gesinnungsethik, in: HWP 3 (1974), Sp. 539 f.; Harald A. Mieg, Art. Verantwortungsethik, in: HWP 11 (2001), Sp. 575 f.

2 PC 5, hg. von Walter Friedensburg, Heidelberg 1928, S. 481 (Ulrich Geiger an den Baseler Bürgermeister Bernhard Meyer, 4.11.1553).

lyb, ehr und gut daran setzen; aber die ding habend ain wyter rechnung und seye viel darin zu bedenken."[3]

2. Bucer und Sturm im Schatten der Niederlage 1547

Der Konflikt zwischen Kirchenkonvent und Magistrat, personalisiert in Bucer und Sturm, brach nicht erst 1548 aus, sondern hatte eine spannungsreiche Vorgeschichte in der Frage der Kirchenzucht, genereller: in der Bestimmung des Verhältnisses von Staat und Kirche. Sturm war, wie in Erinnerung gerufen werden soll, kein Jurist, sondern ursprünglich wie Bucer Theologe.[4] Beide fast gleichaltrig (Bucer wahrscheinlich Jg. 1491, Sturm Jg. 1489), hatten sie ihre ersten Studienerfahrungen in Heidelberg gesammelt, allerdings zeitversetzt, da Sturm hier seit 1501 studierte und 1504 den Grad des Baccalaureus artistarum erwarb, um dann nach Freiburg zu wechseln, bevor er nach humanistischen Studien in den städtischen Dienst übertrat. Bucer studierte seit 1517 in Heidelberg und wurde im Wintersemester 1518/19 zum Baccalaureus biblicus promoviert. Unterschiedliche Situationsbewertungen hatten sich schon vor der Einführung der Reformation in Straßburg 1529 gezeigt: Während Bucer seit 1525 auf die Abschaffung der Messe drängte, ohne auf Anders- oder Schwachgläubige Rücksicht nehmen zu wollen, hielt Sturm die Monopolisierung des evangelischen Gottesdienstes für einen Verstoß gegen die brüderliche Liebe und gegen

3 PC 4/2, hg. von Harry Gerber, Heidelberg 1933, S. 1183 Anm. 6.

4 Zu Bucer vgl. zuletzt Martin Greschat, Martin Bucer. Ein Reformator und seine Zeit (1491–1551), Münster ²2009; vgl. auch Christian Krieger/Marc Lienhard (Hg.), Martin Bucer and Sixteenth Century Europe, 2 Bde., Leiden 1993; Werner Bellardi, Bucer und das Interim, in: Marijn de Kroon/Marc Lienhard (Hg.), Horizons européens de la Réforme en Alsace, Straßburg 1980, S. 268–295. Im Vergleich mit Brenz und Osiander vgl. Christian Peter, Die süddeutschen Theologen und das Augsburger Interim, in: Irene Dingel/Günther Wartenberg (Hg.), Politik und Bekenntnis. Die Reaktionen auf das Interim von 1548, Leipzig 2006, S. 65–81. Zu Sturm vgl. Marc Lienhard, in: Martin Greschat (Hg.), Gestalten der Kirchengeschichte 5, Stuttgart usw. 1981, S. 289–306; ders., Religion und Politik in der Sicht von Jakob Sturm, in: Ulrich A. Wien/Volker Leppin (Hg.), Kirche und Politik am Oberrhein im 16. Jahrhundert. Reformation und Macht im Südwesten des Reiches, Tübingen 2015, S. 317–331. Zu Straßburg in der Reformationszeit vgl. aus der Fülle der Literatur vor allem Johann Adam, Evangelische Kirchengeschichte der Stadt Straßburg bis zur Französischen Revolution, Straßburg 1922, S. 144–295; Erdmann Weyrauch, Konfessionelle Krise und soziale Stabilität. Das Interim in Straßburg (1548–1562), Stuttgart 1978; Marc Lienhard, in: Georges Livet/Francis Rapp (Hg.), Histoire de Strasbourg des origines à nos jours 2, Straßburg 1981, S. 365–544; Birgit Emich, „Als ob es ein new bapstum were …". Straßburg auf dem Weg zur Konfessionalisierung (1522–1549), in: FDA 113 (1993), S. 129–176; Thomas A. Brady, Jr., Ruling Class, Regime and Reformation at Strasbourg 1520–1555, Leiden 1978; ders., Protestant Politics: Jacob Sturm (1489–1553) and the German Reformation, Atlantic Highlands, New Jersey 1995; ders., Zwischen Gott und Mammon. Protestantische Politik und deutsche Reformation, Berlin 1996.

das Recht: „Sind also zu beiden theilen Christen, des Gott erbarm.“[5] Der Streit um die Kirchenzucht seit den späten dreißiger Jahren führte zu einer gravierenden und permanenten Konfrontation zwischen den Ansprüchen der weltlichen und geistlichen Autoritäten der Stadt. Sturm war Erastianer vor Erastus; für ihn war die weltliche Obrigkeit durch die Pflicht der custodia utriusque tabulae zuständig auch für die Gestaltung von Lehre und Kirchenwesen und die Kirche ihr untergeordnet. Bucer kämpfte dagegen für die Autonomie der Kirche, was auch die eigenständige Verwaltung der Kirchenzucht einschloss.[6] Letztlich wollte er über strenge Disziplin der Gläubigen und mit Hilfe von ecclesiolae in ecclesia Straßburg zur heiligen Stadt machen, wie es Calvin in Genf erreichte.

Auch zum Schmalkaldischen Krieg vertraten Bucer und Sturm unterschiedliche Positionen. Während Sturm den Krieg als Niederlage einer Politik des Verhandelns und des Kompromisses bewertete und einen allgemeinen Bürgerkrieg im Reich befürchtete, trat Bucer entschieden für den Krieg ein, den er theologisch überhöhte: „Es ist ja unser krieg ein krieg Gottes, ein krieg umbs himelreich und ewiges leben, nit allein umbs zeitlich, umb das alles es doch auch mit zu thun ist, dann je kein christ under dieser leut und widerchristen tyrannei zu leben begeren mage.“[7] Die Niederlage im Winterfeldzug 1546/47 schrieb er vor allem dem Mangel an Buße und Gottvertrauen zu: „Das Gott allein der ist, der da thut, was er will, in himel und uff erden, und sust nieman, und das des Herren raht allein bestaht und der menschen anschlege eitel sind, hat nit meer in die hertzen gewölt.“[8] Vor der Kapitulation Straßburgs im März 1547 stand Bucer auf der Seite derjenigen, die eine Befragung der Bürgerschaft verlangten und dem Rat vorwarfen, Gott untreu geworden zu sein: „Die forcht Gots ist ein zeit einher schwerlich gefallen.“[9] Dennoch setzte sich Sturm durch und schloss, unterstützt durch ein starkes Mehrheitsvotum der Schöffen, den Unterwerfungsvertrag ab. In realistischer Einschätzung der Kräfte ließ er vor den Schöffen erklären:

> „Dieweil wir je kein menschlich hilf wissen und bei uns und den unsern sehen, wie wenig die predig des evangelii unsers lebens halb erschossen [= *Erfolg gehabt hat*], das nit leichtlich zu hoffen, das der almechtig, der sein ehr und namen in andere weg wol zu erhalten weist, umb unserer fromkeit willen sondere mirackel thun werde“,

5 Vgl. Thomas A. Brady, Jr., Le mémoire de Jacques Sturm sur le culte publique à Strasbourg (août 1525), in: de Kroon/Lienhard, Horizons européens (s. Anm. 4), S. 69–80.

6 Vgl. Werner Bellardi, Die Geschichte der „Christlichen Gemeinschaft“ in Straßburg (1546–1550), Leipzig 1934; Andreas Gäumann, Reich Christi und Obrigkeit. Eine Studie zum reformatorischen Denken und Handeln Martin Bucers, Bern/Berlin usw. 2001, S. 110–123.

7 Max Lenz (Hg.), Briefwechsel Landgraf Philipp’s des Großmüthigen von Hessen mit Bucer 2, Leipzig 1887, S. 460 (Bucer an Philipp, 19.9.1546).

8 Lenz, Briefwechsel (s. Anm. 7), S. 489 (Bucer an Philipp, 25.3.1547).

9 Lenz, Briefwechsel (s. Anm. 7), S. 491 (Bucer an Philipp, 29.3.1547).

ist es besser, zu moderaten Bedingungen Frieden zu schließen als im Krieg „gegen einen so mechtigen keiser, dem nunmer fast der mererthail der deutschen nation gehorsamet, zu beharren". Zudem habe der Kaiser erklärt, Straßburg bei seiner Religion zu belassen.[10]

Nachdem die Kriegsentscheidungen endgültig gefallen waren, zeigte sich Bucer überraschend pragmatisch und kompromissbereit, so in einem Ratschlag für Pfalzgraf Ottheinrich von Neuburg, dessen kleines Herzogtum bei Kriegsausbruch von kaiserlichen Truppen okkupiert worden war und danach sofort gegenreformatorischen Maßnahmen ausgesetzt wurde. Ottheinrich, der in Weinheim im Exil lebte, fragte neben anderen Theologen im Januar 1548 auch Bucer, wie er sich verhalten solle, falls Karl V. zur Rückgabe Neuburgs bereit war, die Religionskompetenz davon aber ausnahm. In seiner Antwort[11] wog Bucer die Vor- und Nachteile eines derartigen Restitutionsangebots sorgfältig ab, um von seinem Verständnis der Reichsverfassung her zu dem Schluss zu kommen: Der Kaiser als Oberherr hat die Befugnis, den Fürsten als seinen Amtleuten volle oder nur partielle Handlungskompetenzen zu übertragen. Einen status confessionis sah Bucer mithin für den Herzog in den Bedingungen nicht. Zwar erklärte er die Schmälerung der Regalien um die Kirchenhoheit für ein offenkundiges Unrecht, gegen das Ottheinrich eine geheime Protestation vornehmen konnte; er sollte auch offen seinen Glauben bekennen, konnte aber dann durchaus die kaiserlichen Restitutionsbedingungen annehmen, sofern ihm die Selbstregierung ohne weitere Einschränkungen zugestanden und damit innenpolitische Handlungsfreiheit gesichert wurde. An Rekatholisierungsmaßnahmen durfte er sich aber nicht beteiligen, „allso das aller lasst des wider aufgerichten Babstumbs auf der kay. Mt. blib ligen".[12] Eine Regierung ohne Verfügung über den Religionsstatus hatte, wie Bucer hinzufügte, immerhin den Vorteil, dass der Fürst seinen christlichen Untertanen eine moralische Stütze sein und sie vor allzu aufdringlicher Belästigung durch „die gotlosen pfaffen" bewahren konnte. „Es ist ein groß gut, das offt Chrisstliche Amptleut der papistischen Fursten damitt schaffen, das sy den lieben Christen wind hallten [= unterstützen] und lufft machen."[13] Da Karl V. dem Herzog die Restitution nicht anbot, kam es nicht zu einer Realisierung des Ratschlags.

10 PC 4/1, hg. von Harry Gerber, Heidelberg 1931, S. 632 f. (Anbringen an die Schöffen, 5.3.1547).
11 Zum Folgenden vgl. BDS 18, S. 451–465.
12 BDS 18, S. 463,22 f.
13 BDS 18, S. 463,32; 464,3 f.

3. Bucers erste Stellungnahme zum Interim (Augsburg April 1548)

Mit dem Interimstext wurde Bucer erstmals konfrontiert, als die Kurfürsten Joachim II. von Brandenburg und Friedrich II. von der Pfalz, die sich als Mittler zwischen Karl V. und den evangelischen Reichsständen betätigten, mit kaiserlicher Zustimmung[14] im Januar 1548 den Straßburger Rat baten, Bucer zu Verhandlungen nach Augsburg zu entsenden. Bucer verließ Straßburg am 23. Januar[15], hielt sich dann aber mehrere Wochen in Ulm auf, ehe er mit einem Geleitbrief Joachims II. nach Augsburg kam. Sofort nach seiner Ankunft wurde ihm am 30. März von den beiden Kurfürsten die sog. Märzformel des Interims zur Begutachtung vorgelegt, also diejenige Zwischenfassung, die für alle Reichsstände gleichermaßen gelten sollte. In seinem ersten Votum äußerte sich Bucer sehr positiv, da er den Text offensichtlich als Fortführung der im Regensburger Buch 1541 erzielten Teilübereinkunft in wichtigen Fragen verstand. Dementsprechend lobte er die Märzformel zunächst als von Gott geschenkte „fundamenta [...] piae Ecclesiarum reconciliationis et reformationis".[16] Gegenüber Kaspar Cruciger in Wittenberg formulierte er zudem als wichtigste Konsequenz des für alle Reichsstände geltenden Interims, dass es die Möglichkeit eröffne, „doctrinam Christi verumque Sacramentorum usum" in allen Territorien des Kaisers und König Ferdinands, ja „per totam Europam" zu verbreiten.[17] Diese beiden Aspekte: Fortsetzung des in Regensburg begonnenen Rekonziliationswerks und Missionsmöglichkeit für die reine Lehre, ließen ihn zunächst offensichtlich über Schwächen und Unvereinbarkeiten des Textes mit den bisherigen Gegebenheiten des evangelischen Kirchenwesens hinwegsehen. Gleichwohl weigerte er sich, der Forderung des Kaisers und der beiden Kurfürsten zu entsprechen und den Text durch seine Unterschrift als theologisch einwandfrei zu sanktionieren; selbst ein Protokoll über seine Unterredung mit den Kurfürsten am 9. April 1548 wollte er nicht unterzeichnen.[18] Seine Begründung für die Weigerung war eher schwach: Er wies darauf hin, dass er für sein Verhalten in Regensburg von vielen prominenten Evangelischen scharf getadelt worden sei – an der Spitze hatte Martin Luther gestanden; durch eine persönliche Approbation des Interimstextes würde er daher dem Rekonziliationswerk eher schaden als nützen. Auch wollte er durch seine Unterschrift nicht die Straßburger Kirche binden. Er beschwor die Kurfürsten „de me esse nunc contenti, nam sine gravi

[14] Die Hinzuziehung von Melanchthon und Brenz hatte der Kaiser abgelehnt; vgl. PC 4/2, S. 903 Anm. 1.
[15] So das korrekte Datum nach BDS 18, S. 465 Anm. 1.
[16] BDS 17, S. 351,3f. (Bucer an die beiden Kurfürsten, 2.4.1548).
[17] BDS 17, S. 401,13–15 (an Kaspar Cruciger, zwischen 5. und 9.4.1548).
[18] Vgl. BDS 18, S. 467–479.

oblaesione conscientiae meae plura non possum. Et si plura darem, me facerem plane inutilem ad concordiam Ecclesiarum adiuvandam".[19]

Am Text und am Verfahrensmodus störten Bucer bei näherer Prüfung vor allem die Eile, mit der Karl V. das Interim durchsetzen wollte, und die Vorschriften zur Wiedereinführung abgeschaffter Zeremonien, wie die Anbetung der Heiligen. Er schlug daher vor, der Kaiser solle eine Versammlung von erfahrenen und gelehrten Leuten berufen, die über Mittel berieten, wie die Zeremonialangleichungen dem einfachen Kirchenvolk plausibel gemacht werden könnten. Wäre der Kaiser dazu nicht bereit, solle er wenigstens eine Synode evangelischer Theologen zulassen, die über die Umsetzung des Interims eine Vereinbarung treffen könnten. Bucer berief sich auf den Präzedenzfall des Reichsabschieds von November 1530, in dem den evangelischen Ständen sechs Monate Bedenkzeit eingeräumt worden waren.[20] Er trug jedoch nunmehr auch substantielle Vorbehalte vor. Einige der vorgesehenen Regelungen benötigten nach seinem Urteil Erklärungen, andere sogar Korrekturen. So durfte das Patronatsrecht von Bischöfen und geistlichen Institutionen nicht das Recht der Gemeinden auf freie Pfarrerwahl beschränken; auch bei der Einführung von Zeremonien musste jede Gemeinde eine gewisse Entscheidungsfreiheit behalten. Vor allem aber verlangte Bucer als Vorbedingung für jede Zeremonialänderung, die „reformatio iusta episcoporum et cleri illorum", wie sie im Interim angekündigt worden war, umzusetzen, um die altkirchliche Geistlichkeit auf allen Stufen der Hierarchie wieder glaubwürdig zu machen und ihre pastoralen Qualitäten zu verbessern.[21] Gegenüber der Reformwilligkeit der Bischöfe hegte er steigendes Misstrauen. So bejahte er die Frage der Vermittler, ob er das Interim für eine „christliche ordnung" halte, „dergestalt das einer dabei konnte selig werden", nur noch unter der Bedingung, „wo es die bischoff recht und dem gemess, wie es beschriben, meineten", was er vom Straßburger Bischof jedenfalls nicht glaubte.[22] In der Tat lehnte der Reichsepiskopat Anfang April die Märzformel ab.[23] Insgesamt durfte nach Bucers Forderung die Einführung des Interims „nicht dem gemeinen Man ergerlich" sein.[24]

19 BDS 17, S. 421,15–17 (dritter Brief an die Kurfürsten, 10.4.1548).

20 Vgl. BDS 17, S. 419,2–5; 18, S. 476,7–10 (Erklärung Bucers, 9.4.1548).

21 Vgl. BDS 17, S. 418–421 (Zitat S. 419,23 f.). Bucer bezog sich auf die im Interim angekündigte kaiserliche Formula reformationis; vgl. DRTA.JR 18/2, S. 1960–1995. Zu seinen Einwänden gegen das Interim vgl. auch BDS 17, S. 422–438 (an Julius Pflug, 13.4.1548).

22 PC 4/2, S. 909 (Bericht der Nürnberger Gesandten, 8.4.1548).

23 Vgl. DRTA.JR 18, S. 1773–1777. 1778–1783. Vgl. Rolf Decot, Die Reaktion der katholischen Kirche auf das Interim, in: Luise Schorn-Schütte (Hg.), Das Interim 1548/50. Herrschaftskrise und Glaubenskonflikt, Gütersloh 2005, S. 366–385.

24 BDS 18, S. 479,7 f. (Bucer, Erklärung, 9.4.1548).

Der Plan Karls V. und der kurfürstlichen Vermittler war nach Bucers Eindruck gewesen, „ut libro simpliciter assentirem"[25], dass er jedenfalls keine größeren Einwände erhob. Dieser Plan scheiterte an Bucers Weigerung, den ihm vorgelegten Text durch seine Unterschrift zu approbieren. Der moralische Druck, den die Kurfürsten auf ihn ausübten, war groß. So berichteten die Nürnberger Gesandten schon am 8. April, Joachim II. und Friedrich II. hätten Bucer in Kenntnis gesetzt, der Kaiser habe seine Rückreise angeordnet, wenn „er sich anderer gestalt nit in die sachen schicken wolte", nachdem man doch seine Änderungsvorschläge im Rechtfertigungsartikel berücksichtigt habe. „Was aber nun hernach unrue, plutvergiessens und empörung daraus ervolgen [würde], das würde ime, Butzero, als der ein solchs verursacht, auf dem hals ligen."[26]

Nachdem Bucer trotz dieser Pressionen die Unterschrift verweigerte, wurde er am 17. April im brandenburgischen Quartier „in kei. mt. namen"[27] inhaftiert und erst, nachdem er am 20. April das Interim unterschrieben hatte[28], freigelassen. Noch am gleichen Tag trat er die Rückreise nach Straßburg an. Unter welchen Umständen genau die Unterschrift erfolgte, ist unbekannt. „Bucer muss [...] seine Augsburger Erlebnisse in Straßburg sehr geheim gehalten haben."[29] Sein Kollege Paul Fagius berichtete am 20. Mai lediglich: „Satan mirabiliter eum tentavit, ut eum a vero tramite avocaret; sed deus dedit illi mirabile robur animique constantiam. Nemo novit, in quantis fuerit angustiis, praeter ipsum et paucos alios."[30] Die Gegenseite war jedenfalls einsichtig genug, die offensichtlich erpresste Unterschrift Bucers während der folgenden Auseinandersetzungen in Straßburg nicht propagandistisch zu seiner Kompromittierung zu verwenden. Dennoch muss in der Stadt über sein Verhalten in Augsburg etwas bekannt worden sein, denn in einer Denkschrift für den Rat vom 4. Juli 1548

25 BDS 17, S. 401,10 (an Kaspar Cruciger, 5./9.4.1548).

26 PC 4/2, S. 908 (Nürnberger Gesandte, 8.4.1548). Die Nürnberger Gesandten verfügten über gute Kontakte zur brandenburgischen Gesandtschaft.

27 PC 4/2, S. 919 Anm. 7 (Bericht des Gesandten des Bischofs von Straßburg, 20.4.1548).

28 PC 4/2, S. 919 Anm. 7 (Aufzeichnung eines Anonymus). Die Quelle ist „ein wohl absichtlich vom kaiserlichen Hofe aus in Umlauf gesetzter ‚Zettel'"; Friedrich Roth, Augsburgs Reformationsgeschichte 4, München 1911, S. 138. Den Wortlaut des „Zettels" vgl. ebd., S. 157 Anm. 78. Aus ihm geht hervor, dass Bucer das Interim zweimal approbiert, es aber trotz kaiserlichen Verlangens dreimal abgelehnt habe, es zu unterschreiben, weswegen er am 17. April in Haft genommen worden sei. „Und also bis auf heut darin enthalten, hat er diß tags [*sc. 20. April*], damit er wider ledig wurde, das Interim in bester form underschriben, namlichen, daß er das mit seiner handschrift bezeige, daß jetzgemelt Interim hoch und wol bedacht erwegen und der katollischen kürchen so gemeß, daß er kain enderung oder verer bedencken darin zu thon wiß", außer wie es dem gemeinen Mann zu vermitteln sei. Er wolle sich dafür aber „mit seinem ermanen" einsetzen. Daraufhin ist er vom Kaiser freigelassen worden und hat die Stadt noch am Abend des 20. April verlassen. Die Nürnberger Gesandten berichteten – offensichtlich irrtümlich – schon am 14. April 1548, dass Bucer seine Approbation des Interims unterschrieben habe, dies aber noch geheim gehalten werde; vgl. ebd., S. 918 Anm. 7.

29 So die Bemerkung des Herausgebers Harry Gerber in PC 4/2, S. 920 Anm. 7.

30 PC 4/2, S. 919 Anm. 7 (Fagius an seinen Schwiegersohn Johannes Ulstetter).

verwahrte sich Bucer gegen die Unterstellung, er habe behauptet, dass die Lehrartikel des Interims im Grunde mit der evangelischen Lehre übereinstimmten. Er erklärte, diese Auskunft stimme nur sehr vorbehaltlich, da die „wenigen worter“, die nicht schriftgemäß seien, so schwer wögen, dass sie die schriftgemäße Aussage „gar umbkeren“.[31] Dem brandenburgischen Kurfürsten warf Bucer schon am 3. Juni 1548 vor, dass das Interim in seiner endgültigen Fassung gegenüber der Märzformel in vielen Punkten „jnns erger gecorrigieret“ worden sei; außerdem sei es nur den Evangelischen auferlegt und damit seien die Grundlagen für seine Zustimmung entfallen, dass „es möchte ein mittel sein Christlicher concordi [...] und unser lieber Herre Christus auch uff jhenen teil recht gepredigt und sein Sacramenten der predig gemes geraichet [...] werden.“[32]

Wie aus diesem Schreiben an Joachim II. hervorgeht, hatten sich für Bucer nach seiner Rückkehr aus Augsburg die Voraussetzungen für seine Bewertung des Interims völlig verändert. Nicht nur war die Märzformel in einigen Punkten in Bucers Wahrnehmung zu Gunsten der altkirchlichen Lehren und Gebräuche verschärft worden, vor allem aber hatte die kaiserliche Propositio (bzw. das Vorwort) vom 15. Mai[33] die ursprüngliche Intention des Textes in ihr Gegenteil verkehrt: Der Reichsschluss, der für alle Reichsstände gelten sollte, war zu einem Ausnahmegesetz für die evangelischen Stände mutiert; aus der Parität war eine Diskriminierung geworden, indem der Kaiser die altkirchlichen Stände auf die „ordnungen und satzungen gemainer christlichen kirchen“ verpflichtete, dagegen die Stände, „so neuerung furgenomen“, aufforderte, sich den Altkirchlichen anzuschließen oder aber sich „mit irer leer und kirchenordnungen“ dem Interim gemäß zu halten und „gentzlich dabey [zu] beleiben“.[34] Wie dramatisch sich im Übrigen die Lage der Evangelischen verschlechtert hatte, ging aus dem Reichsabschied hervor, in dem die evangelischen Stände als „diejhenigen, so der augspurgischen confession anhengig gewesen“, bezeichnet wurden.[35] Die präteritale Form signalisierte, dass für den Kaiser die CA nicht mehr gültig war, sondern als durch das Interim abgelöst galt.

[31] Vgl. BDS 17, S. 537,9–538,8 (Supplikation, 4.7.1548). – Davon konnte allerdings keine Rede sein; die Textveränderungen in der Finalfassung gegenüber der Märzformel betrafen nur stilistische Umstellungen. Lediglich in Art. 26 über die Zeremonien sind Zusätze zu verzeichnen, die jedoch gleichfalls die Aussagen nicht substantiell tangierten; vgl. ARCEG 6, Regensburg 1974, S. 308–345.

[32] Vgl. BDS 17, S. 469–480 (Zitate S. 474,16. 477,22–478,5).

[33] Vgl. Joachim Mehlhausen (Hg.), Das Augsburger Interim, Neukirchen-Vluyn ²1970, S. 28–37 (deutsch und lateinisch); DRTA.JR 18/2, S. 1799–1802 (dt.). 1911–1913 (lat.).

[34] DRTA.JR 18/2, S. 1801 (Vorwort); im Reichsabschied wiederholt; vgl. 18/3, S. 2656 (§ 11).

[35] DRTA.JR 18/3, S. 2654 (§ 6).

4. Der Beginn der Auseinandersetzungen über das Interim in Straßburg

Von seiner Rückkehr nach Straßburg Ende April 1548 bis zu seiner Entlassung Anfang März 1549 verfasste Bucer als Sprecher des Kirchenkonvents zahlreiche Voten, die entweder vom Rat erbeten oder von Bucer ohne Aufforderung angefertigt wurden.[36] Die Texte waren oft umfangreich, da Kürze bekanntlich nicht zu den Gaben gehörte, über die Bucer verfügte. Durchgängig argumentierte er mit den Geschichtserzählungen des Alten Testaments, mit denen er Rat und Gemeinde das Beispiel des Volkes Israel vor Augen stellte, das von Gott errettet worden war, wenn es sich ihm ernsthaft durch Buße und Gebet zugewandt hatte. Die wichtigsten neutestamentlichen Allegate, die Bucer anführte, waren Mt 22,21: Gott zu geben, was Gottes ist; die clausula Petri Act 5,29; ferner Röm 3,8: Nichts Schlechtes zu tun, um Gutes zu bewirken, sowie II Kor 6,15: Christus und Belial sind unvereinbar. Ein Adiaphoron erkannte Bucer – anders als etwa Melanchthon und die kursächsischen Theologen – nicht an. Mit seinen Stellungnahmen wollte er kein politisches Mandat beanspruchen und verwarf ein aktives Widerstandsrecht der Stadtobrigkeit gegen den Kaiser ebenso wie ein Widerstandsrecht der Bürgerschaft gegen die Stadtobrigkeit.[37] Gleichwohl konnte – und wollte – er nicht verhindern, dass die Gemeinde den Rat unter Druck setzte, damit dieser das Interim ablehnte; auch die beharrliche Weigerung der Geistlichen, der Aufforderung des Rates zu gehorchen und sich in den Predigten zu mäßigen[38], war dazu angetan, dessen Autorität anzutasten. Bucer und seine Kollegen beriefen sich gegenüber den obrigkeitlichen Mahnungen auf ihre Pflicht, die Gläubigen über das schriftgemäße Verhalten zu belehren und gegenüber dem Rat ihr Wächteramt wahrzunehmen, indem sie ihn an seine Pflichten als christliche Obrigkeit erinnerten.[39] Immer wieder kam in diesem Zusammenhang auch die nur vordergründig durch das Mandat vom 29. Januar 1548[40] beigelegte Kontroverse über die Kirchenzucht und ihre Ausübung zur Sprache.

36 Vgl. BDS 17, S. 346–620.

37 Vgl. grundsätzlich Andreas Gäumann, Bucer und das Widerstandsrecht, in: Christoph Strohm (Hg.), Martin Bucer und das Recht, Genf 2002, S. 231–244. Zur Obrigkeitslehre Bucers vgl. u.a. Gottfried Hammann, Martin Bucer 1491–1551. Zwischen Volkskirche und Bekenntnisgemeinschaft, Stuttgart 1989, S. 251–273; Gäumann, Reich Christi (s. Anm. 6), S. 223–256; vgl. auch Stephen E. Buckwalter, Martin Bucers „politische Theologie", in: Wien/Leppin, Kirche (s. Anm. 4), S. 305–315.

38 Nach Weyrauch, Konfessionelle Krise (s. Anm. 4), S. 135 wurden die Prediger innerhalb von zwei Jahren zwölfmal zur Zurückhaltung ermahnt.

39 Über die besonders nachdrückliche Wahrnehmung des Wächteramts der Geistlichen durch den Frankfurter Hauptpfarrer Hartmann Beyer vgl. Luise Schorn-Schütte, Gottes Wort und Menschenherrschaft. Politisch-Theologische Sprachen im Europa der Frühen Neuzeit, München 2015, S. 69f., vgl. auch S. 68–76.

40 Vgl. Gerald Dörner (Bearb.), Die evangelischen Kirchenordnungen des XVI. Jahrhunderts 20/1: Straßburg, Tübingen 2011, S. 347–351.

Der endgültige Interimstext einschließlich der kaiserlichen Propositio, die das Interim nur für die evangelische Religionspartei verbindlich machte, war den Städteboten in Augsburg am 17. Mai vorgetragen worden. Die Straßburger Gesandten Jakob Sturm und Hans von Odratzheim ersuchten daraufhin den Rat und den Ausschuss der XIII, Bucer um ein Gutachten darüber zu bitten. Er sollte dabei angeben, wo „in Gleichgültigem" nachgegeben werden könne, das Übrige aber aus der Schrift widerlegen. Auf dieser Grundlage wollte man dann den Kaiser bitten, das Interim nicht verbindlich zu machen – vielleicht erweichte Gott sein Herz.[41]

Bucer und seine Kollegen reagierten auf die Aufforderung des Rates mit dem Votum „Welcher Maßen das Interim den christlichen Ständen Augsburgischer Konfession ist vorgegeben und auferlegt" vom 29. Mai 1548.[42] Bucer adressierte den Text nicht an den Rat, sondern an die „lieben Christen"[43], dachte also an eine breitere Öffentlichkeit als Rezipienten. Er kritisierte die Vorrede des Kaisers, die die frühere Bewertungsgrundlage völlig veränderte, und wandte sich auch gegen die Befristung des Interims bis zum Konzil, auf dem die evangelische Lehre, der richtige Gebrauch der Sakramente und die Rechtfertigungslehre ja bereits behandelt und verworfen worden seien. Im Mittelpunkt seiner Auseinandersetzung mit dem Interimstext standen der Rechtfertigungs- und der Zeremonialartikel; er prüfte aber auch die anderen Artikel, um sie ausnahmslos für unannehmbar zu erklären. Dabei argumentierte Bucer mit einem reichen Aufgebot an Bibel- und Väterzitaten, um mit der rhetorischen Frage zu schließen: „Wer sicht nun auß dem allen nicht, wes reich dise Rathgeber [sc. die Verfasser des Interims] mit disem irem Rathschlag wöllen erhalten unnd wider uff richten?"[44] Er appellierte an seine Leserschaft, mit Ernst für die Erhaltung des Reiches Christi zu bitten – wir müssen „uns selb auch im aller ding undergeben" und den Willen Gottes tun.[45]

Schon mit diesem ersten Gutachten vom 29. Mai 1548 steckte Bucer das Konfliktfeld ab, auf dem in Straßburg in der Folgezeit der Streit zwischen Religion und Politik ausgetragen wurde. Unterstrichen wurde die Ablehnung des Interimsinhalts durch eine Kanzelerklärung der Straßburger Geistlichen vom 3. Juni.[46] Sie enthielt einen Aufruf zur Buße, bezeichnete das Interim als Zuchtrute Gottes sowie als Glaubensprüfung und fasste die evangelische Lehre

[41] Vgl. PC 4/2, S. 954 Anm. 1.
[42] Vgl. BDS 17, S. 439–469.
[43] Vgl. BDS 17, S. 443,13. 444,16. 452,10.
[44] BDS 17, S. 467,21 f.
[45] BDS 17, S. 467,24.
[46] Der Text ist nicht überliefert, wurde aber in Bucers „Summarischer Vergriff" vom 2. Juli referiert; vgl. unten Anm. 57.

in Form eines Bekenntnisses zusammen. Zugleich wurde aber die Bürgerschaft zum Gehorsam gegenüber der Obrigkeit ermahnt.

Zur Verwendung bei Verhandlungen auf dem Reichstag war der umfangreiche gelehrte Text vom 29. Mai wenig geeignet, so dass die Straßburger Gesandten nach Kenntnisnahme baten, als Argumentationshilfe sollten Juristen und Theologen „ein fugliche, underthenige und gschickte schrift an key. Mt. stellen", in der aus Bibel, Kirchenvätern und Brauch der alten Kirche angezeigt würde, warum Straßburg das Interim nicht annehmen könne.[47] Die inhaltliche Zielrichtung gab Sturm bereits vor: Die Ungleichbehandlung beider Religionsparteien verstoße gegen die bisherigen Reichstagsgepflogenheiten; der Kaiser solle daher entweder die Evangelischen bei der CA bleiben lassen oder erlauben, dass die Gelehrten der evangelischen Stände oder Städte eine Zusammenkunft abhielten, um zu beraten, „was mit gott und gewissen" zu tun sei, also nicht lediglich, wie Bucer in Augsburg vorgeschlagen hatte, um sich über die Implementierung des Interims zu verständigen.

Bucer legte daraufhin am 27. Juni dem Rat im Namen der Prediger erneut einen ausführlichen Text vor: „Deliberation, Ratschlag und Antwort" (oder: „Bericht und Antwort aufs Interim").[48] Dieser Text entsprach dem Wunsch Sturms noch weniger als die erste Stellungnahme vom 29. Mai. Auf Verlangen des Rates musste er daher zweimal gekürzt werden, ehe er als „Der Prediger Supplikation an den Rat" am 4. Juli vor dem Rat und dem Ausschuss der XXI verlesen und den Gesandten nach Augsburg geschickt wurde.[49] Der Reichstag war jedoch bereits am 30. Juni 1548 zu Ende gegangen und das Interim durch Aufnahme in den Abschied zum Reichsgesetz geworden.

In der „Deliberation" wurden erneut die einzelnen Artikel des Interims erörtert und ihre Schriftwidrigkeit nachgewiesen. Selbst eine Teilannahme könnte nur die Papisten in ihrem Aberglauben bestärken, die Schwachgläubigen beirren und „die verruchten und epicurischen päpstler"[50] zu größerer Verachtung Christi und der Gläubigen anreizen – mit der letzten Personengruppe bezeichnete Bucer gemeinhin die rationalistisch-skeptischen Intellektuellen und die Reichen der Stadt. Bucer versicherte dem Rat, dass die Geistlichen sehr wohl

47 Vgl. PC 4/2, S. 988 (Sturm und Odratzheim an den Rat, 10.6.1548).

48 Vgl. BDS 17, S. 481–536 (die Überschriften sind in der Kanzlei formuliert worden). Zur Entstehungsgeschichte berichtete Bucer am 11.7.1548 Melanchthon, er habe in der Eile Einiges aus seinen Augsburger Stellungnahmen für die beiden Kurfürsten übernommen. Gemeint sind offenbar die Ausführungen „Vom Inhalt des Interims unterschiedlich" (ab S. 499,7). Bucer fügte hinzu: „In caeteris quoque laicos nostrorum sensus respeximus, qui, quae ad externam [*im Druck irrig: extremam*] ecclesiae politiam pertinent, plus morari solent, quanquam id non deceat doctrina Christi tot annis imbutos"; PC 4/2, S. 1021 Anm. 2.

49 Vgl. BDS 17, S. 537–542.

50 BDS 17, S. 496,6f.

wüssten, „in was hochster zeitlicher gefahr man staht“.[51] Er erklärte auch, dass dem Kaiser Gehorsam geschuldet werde, aber nur soweit dies mit Gott möglich sei. Für das Interim konnte das Gehorsamsgebot nicht gelten – auf die clausula Petri wies Bucer nicht eigens hin. Die einzige Hilfe war das Vertrauen auf Gott, die gegenwärtige schwierige Lage wurde als „unsers lieben gotts und vatters selige prob“[52] gedeutet – in dieser Anfechtung wird uns nach Bucers Überzeugung Gott dann nicht im Stich lassen, wenn wir unser Leben ändern. Konkret verlangte er, dass der Rat alle Missstände in Kirche und sozialen Ordnungen („Polizei“) abstellte.[53] Politische Lösungen lehnte er dagegen strikt ab: „Aller welt vernunfft, klughait und gesuch [= Anstrengung, Bemühen]“ sind gänzlich zu verwerfen, um nur der Stimme Christi „von gantzem hertzen in allen sachen“ zu gehorchen.[54]

Seine Schlussfolgerung blieb dieselbe wie zuvor: Das Interim kann von keinem wahren Christen „mit Gottes gnaden und one offenbare verleugnung des selbigen“ angenommen werden.[55] Bucer berief sich auf die Pflicht der Prediger zur sachgemäßen Aufklärung, während die Konsequenzen für das praktische Handeln der Rat ziehen musste: „Ein jeder sehe selb, was im Got befolhen habe.“[56]

Schon zwei Tage vor der Verlesung der „Supplikation“ vor dem Rat veröffentlichte Bucer bei Wendelin Rihel in Straßburg seine Schrift: „Ein summarischer Vergriff der christlichen Lehre und Religion, die man zu Straßburg hat nun an die xxviij Jahre gelehret […] Und wem Reformation des äußeren zeremonialen Gottesdienstes zustehe“.[57] Bucer referierte darin zunächst die Kanzelerklärung vom 3. Juni und verteidigte sie gegen einen anonym in Umlauf gebrachten Text, in dem die Straßburger Geistlichen beschuldigt worden waren, die Bürgerschaft gegen den Rat aufzuhetzen und ihm das Recht, das Kirchenwesen zu ordnen, abzusprechen; damit treibe die Prediger derselbe Geist, der in Münster 1534/35 gewirkt habe.[58] Bucer klärte gegenüber dieser Polemik die Stellung zur Obrigkeit mit Hilfe der clausula Petri, um dann in 29 Punkten gewissermaßen eine Straßburger Kurzdogmatik zu formulieren. Darin wird die

51 BDS 17, S. 486,9f.
52 BDS 17, S. 486,24.
53 Vgl. BDS 17, S. 495,9–13.
54 BDS 17, S. 487,13–15.
55 BDS 17, S. 541,10f. Zur Stützung dieses Urteils berief sich Bucer auf das Wittenberger Gutachten vom 16.6.1548; Melanchthon, Briefwechsel Regesten Nr. 5182 (= CR 6, Sp. 924–942). Vgl. auch Irene Dingel (Hg.), Controversia et Confessio 1: Reaktionen auf das Augsburger Interim, Göttingen 2010, S. 40–75.
56 BDS 17, S. 542,6f.
57 Vgl. BDS 17, S. 113–150; vgl. Gottfried Seebass (Hg.), Martin Bucer (1491–1551). Bibliographie, Gütersloh 2005, S. 135 Nr. 183.
58 Vgl. BDS 17, S. 113f. Der Text ist unbekannt, ebenso, ob er gedruckt oder nur handschriftlich verbreitet wurde.

Obrigkeit[59] als göttliches Amt definiert, das von den „allerbesten Christen" ausgeübt werden soll und dessen Aufgabe es ist, dafür zu sorgen, dass jeder Untertan „Gott recht diene und ein Gottselig erbar leben füre".[60] Einer solchen Obrigkeit hat jedermann um des Gewissens willen und von Gottes wegen zu gehorchen. Allerdings gilt der Gehorsam nach Mt 22,21 und Act 5,29 nicht unbegrenzt, sondern steht unter dem Vorbehalt der Priorität des Gottesgehorsams. Die Religion in der richtigen Weise zu reformieren, wie es Kaiser Justinian im Corpus Iuris Civilis (Cod. I,1,1) praktiziert hat, steht den höchsten Obrigkeiten zu. Die magistratus inferiores, die von der potestas superior eingesetzt sind, haben darauf zu achten, dass diese Religion befolgt, Gott nicht verletzt und die Seelen der ihnen Anvertrauten nicht ins ewige Verderben geführt werden. Die Schlussfolgerung, dass eine untere Obrigkeit gegen gewissenszwingende Befehle, die die Religion deformieren statt sie zu reformieren – wie es das Interim in Bucers Verständnis tat –, mit Gewalt vorgehen könne, zog Bucer aber nicht.[61] Der „Summarische Vergriff" erregte bei Karl V. großen Anstoß, da die Schrift sich – zumindest indirekt – gegen das Interim richte und zur Aufwiegelung des Gemeinen Mannes geeignet sei. Der Kaiser verlangte vom Rat daher, Abhilfe zu schaffen und die Schrift zu verbieten.[62]

5. Die Interimspolitik Jakob Sturms

Im Folgenden soll die Perspektive gewechselt und das Denken und Handeln Jakob Sturms im Sommer 1548 analysiert werden. Noch während des Reichstags hatte Karl V. begonnen, die Reichsstädte einzeln auf das Interim zu verpflichten.[63] Versuche Sturms, eine gemeinsame Städteeingabe an Karl V. zustande zu bringen, scheiterten. Am 28. Juni verhandelte er erstmals für Straßburg mit den kaiserlichen Räten Granvella und Hass.[64] Dabei ließ der Kaiser die Annahme des Interims verlangen, die Straßburger Städteboten warnten dagegen vor Gewissenszwang und Gewaltanwendung. Sturm erklärte – in Übereinstimmung mit dem Votum Bucers vom 29. Mai –, dass der Rat überzeugt sei, bei Annahme des Interims „wider gott und ir selen heyl" zu handeln, und appellierte an den Kaiser, sie bis zum Konzil bei ihrem Bekenntnis zu belassen. Im

59 Vgl. BDS 17, S. 141,3–148,15 (Zitat S. 141,4–6).

60 Vgl. BDS 17, S. 147,30–148,15.

61 Auch in den sogenannten „Notizen Bucers zum Widerstandsrecht" wird nichts über ein Widerstandsrecht des magistratus inferior gesagt; vgl. BDS 17, S. 547 f.

62 Vgl. PC 4/2, S. 1052 u.ö.

63 Vgl. die Übersicht PC 4/2, S. 996–998; Ende Juni 1548 waren außer Straßburg nach Sturms Bericht im südwestdeutschen Raum nur noch Lindau, Konstanz und Frankfurt bei ihrer Ablehnung des Interims geblieben; vgl. ebd., S. 1017 Anm. 10.

64 Vgl. zum Folgenden den Bericht Sturms vom 28.6.1548; PC 4/2, S. 1012–1017 (Zitat S. 1014).

Gegensatz zu anderen Städten wurde Straßburg zunächst für die Annahme des Interims kein Termin gesetzt. Die verhältnismäßig moderate Behandlung in den folgenden Monaten und Jahren erklärt sich neben dem Verhandlungsgeschick Sturms offensichtlich aus der Furcht am kaiserlichen Hof, Straßburg könne sich an den französischen König um Hilfe wenden.[65] Als im Juli 1549 Berater König Ferdinands einen militärischen Handstreich gegen Straßburg – wie im Vorjahr gegen Konstanz – befürworteten, lehnte Karl V. ab, da ein derartiges Vorgehen ein großes Feuer in Deutschland („allumer grand feu en la Germanie“) entzünden könne; es reiche, dass Bucer die Stadt verlassen habe und Sturm französische Praktiken verhindere.[66] Straßburg nutzte in der Tat in der Krisensituation die französische Option aus Kaiser- und Reichsloyalität nicht.

In einem grundsätzlichen Votum äußerte sich Sturm mit seinem Reichstagskollegen Hans von Odratzheim am 29. Juni gegenüber dem Ausschuss der XIII zu den aktuellen Möglichkeiten Straßburger Politik.[67] Er ging von der Prämisse aus, dass der Christ notfalls für seinen Glauben leiden müsse; zu fragen sei aber, ob er hinzunehmen habe, dass die Obrigkeit den äußeren Gottesdienst schriftwidrig verändere, oder ob er Widerstand leisten, damit aber sich und die Gemeinschaft in höchste Gefahr bringen dürfe. Anders als Bucer war sich Sturm nicht sicher, was Gott in dieser Situation von ihm und der Gemeinde wollte; wüsste er dies, könne er sich leichter entscheiden. Er wusste nur: „Wie man es angreift, so will es on gefor nit zugon.“ Für den Fall, dass die Stadt es ablehnte, das Interim einzuführen, gab es Sturm zufolge nur zwei Wege: Dem Kaiser wird anheimgestellt, das Interim von sich aus durch den Straßburger Bischof einzuführen; dann aber besteht die Gefahr, dass mit der Zeit alle Christen vertrieben oder vielleicht sogar getötet werden, weil sie die Interimsgottesdienste nicht besuchen. Als Alternative sah Sturm den bewaffneten Widerstand gegen den Kaiser. Er schloss dies nicht prinzipiell aus, machte aber auf die vielen Schwachgläubigen aufmerksam, die nicht bereit waren, ihren Glauben mit Gewalt zu verteidigen. Es ist nicht jedermanns Sache, um Christi willen alles aufzugeben, sondern „ist ein klein heufflin, das gott dazu erwölet hat“. Dass Sturm damit einen wichtigen Punkt angesprochen hatte, geht aus einem Lagebericht des Ratsherrn Klaus Kniebis von Juli 1548 hervor: In Straßburg sind viele „Päpstler“ und auch sonst nicht viele, die ernsthaft für Gott und das Evangelium eintreten würden.[68] Bucer ließ Calvin dagegen wissen: „Collegae

[65] Im Februar 1547 hatten in der Tat Verhandlungen mit Franz I. von Frankreich über eine Anleihe für die Anwerbung von Knechten zur Verteidigung der Stadt stattgefunden; vgl. PC 4/1, S. 594. 599 f. 608 f.

[66] Vgl. PC 4/2, S. 1173 Anm. 3.

[67] Vgl. PC 4/2, S. 1018–1021 (ebd. die folgenden Zitate).

[68] Vgl. PC 4/2, S. 1034 f. (K. Kniebis an Bernhard Meyer in Basel, 16.7.1548).

fortiter perstant multique cum illis ex omnibus ordinibus."[69] Sturm sah in seinem Gutachten bewaffneten Widerstand als auf Dauer aussichtslos an, es sei denn, man erwarte ein Wunder Gottes, der „mit sondern gnaden diese statt" erhalte. Letztlich empfahl Sturm als Ausweg die persönliche Gewissensprüfung – jeder sollte Gott „hertzlich und mit grossem ernst" anrufen, dass er ihm seinen Willen offenbare.

Nach diesen grundsätzlichen Ausführungen ging Sturm in seinem Votum zu praktischen Erwägungen über, um die Krise zu entschärfen. Dabei entwickelte er einen Gedanken, der für die künftige Interimspolitik Straßburgs – aber auch für das Zerwürfnis Bucers mit Sturm – entscheidend wurde: die Teilung der Straßburger Kirchen. Er schlug vor, dem Kaiser anzuzeigen, was vom Interim für die Straßburger annehmbar war und was nicht; bis zur Konzilsentscheidung sollte dem Bischof das Münster für seine Zeremonien angeboten werden. Damit konnte nach Sturms Vorstellung der Kaiser vielleicht besänftigt und außerdem Zeit gewonnen werden – die Taktik des Temporisierens besaß für Sturms praktische Politik bis 1550 stets einen hohen Stellenwert. Viel Erfolg versprach er sich in diesem Stadium des Kampfes um das Interim von dem Angebot allerdings nicht, nachdem der Kaiser entsprechende Offerten anderer Städte bereits abgelehnt hatte. Da der Kaiser in Schwäbisch Hall nach Brenz fahnden ließ, sollte der Straßburger Rat die Prediger auffordern, sich in ihrer Polemik zurückzuhalten und stattdessen das Volk zu Gebet und Buße aufzurufen. „Sonderlich verhast" am kaiserlichen Hof sei Bucer, so dass man überlegen solle, ob er nicht eine Zeitlang anderwärts in Sicherheit gebracht werden könne. In alle Entscheidungen des Rates sollten die Schöffen als Vertretung der Bürgerschaft eingebunden sein.

Nachdem die Reichstagsgesandten dem Rat am 9. Juli mündlich Bericht erstattet hatten[70], beschloss dieser mit Zustimmung der Schöffen, eine Gesandtschaft an Karl V. zu schicken, die die Aussetzung des Interims bis zum Konzil erbitten sollte, ersatzweise eine Anhörung der Straßburger Theologen über die Unterschiede zwischen Interim und evangelischer Lehre, um eine Milderung des Textes zu erreichen. Bucer sah unter dem unmittelbaren Eindruck des Berichts von Sturm nur die Alternative entweder „aut Antichristum totum recipere et eidem cuncta restituere seque ipsos ei in extremam servitutem addicere" und so für jetzt und für die Zukunft alles zu verlieren, oder aber „cuncta ista in praesens extremum discrimen adducere". Der Herr möge es den Seinen geben zu erkennen, wieviel besser es ist, alles für Christus zu verlieren sowie Verfol-

69 CR Calv. 13, Sp. 5f. (Bucer an Calvin, 10.7.1548). In etwa derselben Zeit berichtete der württembergische Gesandte aus Straßburg von einer Spaltung zwischen Rat und Bürgerschaft: „Die gemeind ist ganz ufruerisch", während die Vornehmen ihr Bürgerrecht aufsagen und die Stadt verlassen; vgl. PC 4/2, S. 1056 (Jos Münch von Rosenberg an Herzog Ulrich, 20.8.1548).

70 Zum Folgenden vgl. PC 4/2, S. 1037–1040 (Rat an den Kaiser und Instruktion für die Gesandtschaft, 23.7.1548).

gung zu leiden und dafür in der Zukunft das ewige Leben zu haben, „quam perdere omnia cum Christo hic et in futuro“.[71]

Die Gesandtschaft der Stadt, an der Sturm selbst nicht teilnahm, erreichte bei Karl V. nichts. Zur Berufung der Straßburger auf ihr Gewissen erklärte der Kaiser, dass sein Gewissen und das der Reichsstände, die dem Interim zugestimmt hätten, sich nicht nach dem der Straßburger richten könnten. Die Bitte, die Straßburger Theologen anzuhören, schlug der Kaiser ab unter Verweis auf das Konzil, auf dem jeder seine Beschwerden werde vorbringen können, und verlangte erneut, den Widerstand gegen das Interim aufzugeben. Für die Annahme erhielt Straßburg jetzt eine Frist von einem Monat – allerdings mit Verlängerungsmöglichkeit. Die Lage der Stadt verdüsterte sich zusätzlich durch die Belagerung von Konstanz. Die Stimmung in der Bevölkerung war aufgeheizt, wofür Sturm und seine Kollegen offensichtlich vor allem die Antiinterimspredigten Bucers und seiner Amtsbrüder verantwortlich machten. Wie schon mehrfach zuvor, wurden die Geistlichen am 30. Juli erneut aufgefordert, „sich in predigten bescheiden zu halten“.[72] Paul Fagius von Jung-St. Peter, wohl der verbal schärfste Kritiker der Ratspolitik, wurde vorgehalten, er habe besonders gehässig gepredigt und erklärt, dass man bewaffneten Widerstand leisten und keine kaiserlichen Truppen in die Stadt lassen solle; wer das Gegenteil beabsichtige, habe „kein christlich, ja heydnisch geplüt in ime“. Auf die Ermahnung des Rates antworteten die Prediger am 4. August lediglich, sie müssten die Wahrheit verkündigen. Wenn die Ratsherren dies nicht dulden wollten, hätten sie das Mittel dazu in der Hand, nämlich entweder das Interim abzulehnen oder aber die missliebig gewordenen Prediger zu entlassen. Auf die Nachricht aus Augsburg, dass die Prediger von Straßburg „heftig und hitzig wider das interim predigen und die gemein ganz ufrurisch seye“, beschloss der Rat, Bucer zu veranlassen, auf die anderen Geistlichen einzuwirken.[73]

Derartige Mahnungen an die Prediger erfolgten noch mehrfach, ohne dass sie auch nur den geringsten Erfolg gehabt hätten. Was dem Rat konkret besonders anstößig war, lässt sich den Ermahnungen gelegentlich entnehmen. So lobte Bucer die Standfestigkeit von Konstanz im Konflikt mit dem Kaiser, woraufhin den Predigern Ende August untersagt wurde, Konstanz künftig überhaupt noch zu erwähnen.[74] Nachdem Fagius erklärt hatte, man müsse einen anderen, christlichen Rat einsetzen, wurde am 31. August beschlossen, die Prediger erneut zur Zurückhaltung aufzufordern.[75] Das wurde nicht nur abgelehnt,

[71] CR Calv. 13, Sp. 5 f. (an Calvin, 10.7.1548).
[72] Vgl. PC 4/2, S. 1042 Anm. 7.
[73] PC 4/2, S. 1042 (Jakob zum Teich an Sturm, 26.7.1548) und Anm. 7.
[74] Vgl. PC 4/2, S. 1059 Anm. 1.
[75] Vgl. PC 4/2, S. 1068 Anm. 1; vgl. auch Adam, Kirchengeschichte (s. Anm. 4), S. 267 f.; BDS 17, S. 549.

sondern Bucer, Johannes Marbach und Theobald Nigri (Schwarz), Pfarrer an Alt-St. Peter, erklärten am 5. September 1548 vor dem Rat, dass noch lange nicht kräftig genug gegen das Interim, das einen völligen Abfall von Gott darstelle, gepredigt werde. Die Prediger forderten, einen Bußtag anzusetzen statt nach Kompromissen mit dem Bischof zu suchen. Sie müssten predigen, was Gottes Wort sei, und strafen, was dagegen verstieß. Konkret sahen sie ihre Aufgabe darin, zu verhindern, dass die Stadt dem Antichrist ausgeliefert werde. Der Rat möge bedenken, was er seinerseits tun müsse, „dass sie dem Teuffel die Statt nitt heimtragen".

6. Die offene Konfrontation Bucer – Sturm (Herbst 1548 – Februar 1549)

Ende August 1548 war der Punkt der Entscheidung erreicht. Nach der ergebnislosen Gesandtschaft zum Kaiser erörterte Sturm in einem für die Schöffen bestimmten Text vom 27. August 1548 noch einmal Pro und Contra der möglichen Verhaltensweisen.[76] Gegen die Annahme des Interims sprach die Gefahr für Glauben und Gewissen. Zwangsläufige Folge der Einführung musste die Ersetzung der gegenwärtigen Prediger durch neue, wahrscheinlich unwürdige Geistliche sein[77], ferner die Restitution der geistlichen Gerichtsbarkeit des Bischofs und die Rückkehr von Mönchen und Nonnen. Andererseits war Sturm zufolge die Frage des bewaffneten Widerstands gegen den Kaiser als höchste weltliche Autorität unter den evangelischen Juristen und Theologen durchaus strittig. Die Folgen von Nichtannahme und gewaltsamem Widerstand waren dagegen klar: Belagerung der Stadt, Lebensmittelknappheit, Hungersnot, Verheerung des Umlands, um sich am Ende doch unterwerfen zu müssen „oder sich an ein ander oberkeit ausserthalb des reiches henken". Sturm hielt dies nicht für eine praktikable Politik, denn außerhalb des Reiches gab es für ihn keine konfessionsgleiche Macht, die Straßburg helfen konnte. Sich vom Reich abzuwenden, war zudem „wider gott", daher chancenlos, würde nur zum Sieg von Kaiser und Reichsständen führen und Straßburg in den völligen Ruin stürzen. Realistisch war für Sturm daher nur, sich dem Kaiser zu unterwerfen, jedenfalls „so lang die kai. Mt. die gehorsam im reich teutscher nation, wie sie die ietzo hat, behaltet" – eine zentrale Aussage, die Sturms Zukunftserwartungen oder -hoffnungen reflektierte und seine Politik des Temporisierens plausibel machte.

Neben seiner Analyse der politischen Gegebenheiten setzte sich Sturm auch mit dem Einwand auseinander, dass ein zeitweiser Widerstand Gott die Mög-

[76] Vgl. PC 4/2, S. 1059–1063 (ebd. die folgenden Zitate).
[77] 1551 klagte der Bischof über das disziplinlose und moralisch defekte Personal, dessen er sich in Straßburg bedienen musste; vgl. PC 5, S. 212 f. (Bischof Erasmus an Karl V., 14.9.1551).

lichkeit einräume, Kaiser oder Reichsstände „eins andern gemuets" werden zu lassen oder andere Rettungsmittel an die Hand zu geben. Sturm hielt dieser Auffassung das Argument entgegen, dass es keineswegs ausgemacht sei, ohne ausdrückliche Weisung der Heiligen Schrift bewaffneten Widerstand gegen die Obrigkeit leisten zu dürfen. Gegen Bucers bedingungsloses Vertrauen auf Gott setzte Sturm ein sehr bedingtes Vertrauen: Seiner Argumentation zufolge hat Gott früher, wenn er sein Volk erretten wollte, die Mittel und Wege dazu so angezeigt, „das sie menschlichem verstand nach möglich gewesen", also berechenbar waren. Dies tut er jetzt aber nicht. Daher ist zu befürchten, „wir seien nit die, umb deren rettung willen der allmechtig sonder wunder zeichen tun werd". Daher riet Sturm, auf bewaffneten Widerstand „on gottes geheiss und schrifft" zu verzichten und stattdessen durch die kaiserliche Einführung des Interims Unrecht und Gewalt zu dulden und die Besserung von Gott zu erwarten.

Um jedoch möglichst viele Nachteile einer obrigkeitlichen Interimseinführung zu vermeiden, unterbreitete Sturm den Schöffen – und damit den Repräsentanten der bürgerlichen Öffentlichkeit – den Vorschlag, dem Kaiser mitzuteilen, die Aufrichtung des Interims sei Rat und Bürgerschaft „unsers gewissen halben" beschwerlich. Straßburg sei aber bereit, dem Bischof eine Kirchenteilung anzubieten: In einigen Kirchen könne dieser das Interim aufrichten, jedoch – und dieser Punkt war der für Sturm entscheidende –

> „das darneben uns und unsern burgern, die do wolten und es begerten, auch etlich kirchen gelassen würden, darin durch die prediger das wort gottes mit aller bescheidenheyt, one yemands schmehung oder verlesterung, auch aller sanftmut und gedult und vermanung zu wahrer buss und besserung des lebens verkündet und die hochwürdigen sacramenten des taufs, auch leibs und blutz unsers herren Jhesu Christi in verständlicher sprach [...] dem volck gereicht möchten werden".

Der Rat wollte sich zudem erbieten, die im Interim gebotenen Feier- und Fasttage und „was also eusserliche zucht und erbarkeyt belange" aufzurichten. Seinen früheren Einwand, dass der Kaiser ein solches Angebot bei anderen Städten zurückgewiesen habe, wiederholte Sturm jetzt nicht. Durch das Kompromissangebot konnten nach seiner Überzeugung der evangelische Gottesdienst, die reine Lehre und der richtige Gebrauch der Sakramente in Straßburg bewahrt werden, denn die Stadt entging auf diese Weise der Gefahr völliger Unterdrückung ihres bisherigen Kirchenwesens, wie sie bei gewaltsamer Eroberung zu befürchten war. Gegen die Befürchtung der Geistlichen, dass mit der Zulassung des Interims allmählich alles wieder zu den alten kirchlichen Zuständen zurückgeführt werde, setzte Sturm die Hoffnung auf Gott. Verhängt Gott trotz des Kompromissangebots die Totalrestitution, ist dies als Strafe für unser unbußfertiges Leben hinzunehmen. Sturm war mit dieser Position nicht weit von Bucer entfernt, allerdings nicht als einziger Handlungsanleitung, wie dieser forderte. Bei Ablehnung des Kompromisses durch den Kaiser wollte Sturm das Weitere in die Verantwortung des Einzelnen stellen: Jeder muss dann für sich selbst entscheiden, wie das Verderben von Stadt und Bürgerschaft abgewendet werden könnte. Gewaltsamen Widerstand gegen Kaiser und Reich schloss Sturm allerdings aus.

Die Schöffen empfahlen mit zwei Stimmen Mehrheit, die Bürger befragen zu lassen. Dafür war der Rat zuständig, der aber die Volksbefragung als völlig unüblich ablehnte – nicht einmal bei Einführung der Reformation sei eine solche Befragung durchgeführt worden. Vermutlich fürchtete er ein negatives Votum oder mindestens die Dokumentation einer tiefgehenden Spaltung der Bürgerschaft. Stattdessen erläuterte er am 30. August den Schöffen nochmals seinen Vorschlag[78] und erhielt jetzt mit großer Mehrheit das Mandat, die entsprechenden Verhandlungen mit dem Kaiser und dem Bischof aufzunehmen.[79]

Die Entscheidung vom 30. August bedeutete den Sieg der politischen Vernunft, negativ gesehen: des Opportunismus, über die religiöse Unbedingtheit, negativ: den Fundamentalismus. Bucer beklagte denn auch den Ausgang. Selbst wenn der Kaiser die Kirchenteilung akzeptierte, war in seiner Sicht das Verbot, gegen das Interim zu polemisieren, inakzeptabel. Kein Christ konnte sich dem unterwerfen, Bucer sah daher das Ende seines Straßburger Kirchendienstes herannahen.[80] Gegen den Kompromissvorschlag einer Kirchenteilung verfasste er ein kurzes Votum in lateinischer Sprache, also nicht für die einfachen Bürger bestimmt: „An templa consecrata filio Dei bona conscientia Antichristo sint deferenda?“[81] Bucer gab hierin die Position Sturms in der Figur eines Syllogismus wieder: Obersatz (Maior): Es ist besser, das Evangelium „aliquo modo quam nullo modo“ zu bewahren. Untersatz (Minor): Wenn wir den Bischöfen einen Teil unserer Kirchen einräumen, bewahren wir das Evangelium „aliquo modo“; wenn wir nichts anbieten, wird uns das Evangelium „nullo modo“ verbleiben. Schluss (conclusio): Es ist also besser, die Kirchen mit den Anhängern des Antichrists zu teilen und das Evangelium so zu predigen, dass wir nicht den Kultus der gottlosen Papisten angreifen.

Gegen den Obersatz machte Bucer geltend, dass eine verkürzte Predigt des Evangeliums Gottes Zorn provoziert – mit der Folge, dass er uns das Evangelium gänzlich entzieht. Den Untersatz verwarf Bucer als Verleugnung des Glau-

78 PC 4/2, S. 1065–1068.

79 Vgl. PC 4/2, S. 1068 Anm. 11.

80 Vgl. Wilhelm Horning (Hg.), Briefe von Straßburger Reformatoren, ihren Mitarbeitern und Freunden über die Einführung des „Interims“ in Straßburg (1548–1554), Straßburg 1887, S. 15f. (Bucer an Oswald Myconius in Basel, 31.8.1548).

81 Vgl. BDS 17, S. 545–547. Die Datierung ist nicht gesichert; der Text ist frühestens Oktober 1548 entstanden, da in ihm das Schicksal von Konstanz erwähnt wird (S. 547,3–16).

bens an Christus. Wenn wir das Evangelium in allen oder einigen Kirchen bewahren, kann dies nur ein Geschenk Christi sein, aber nicht das Ergebnis politischer Verhandlungen. Wenn wir dagegen Kirchen, die dem Namen Christi geweiht sind, freiwillig dem Antichrist überlassen, begehen wir Gotteslästerung, und Christus wird sein Reich „omnimodo et ex omnibus templis" hinwegnehmen. Den Einwand, der Kaiser werde anderenfalls Gewalt anwenden, akzeptierte Bucer nicht: Die Macht des Kaisers hängt allein „a nutu Christi". Wenn wir so viele Sünden begehen wie andere, gegen die der Kaiser Gewalt anwendet, und jetzt nicht Buße tun, haben wir dieselben Strafen zu befürchten. Wir müssen uns daher bemühen, den durch unsere Sünden erzürnten Christus zu besänftigen. Bucer berief sich auf Röm. 3,8: „Non sunt facienda mala, ut eveniant bona." Schlechthandeln wie die Auslieferung von Kirchen vergrößert die Strafe statt sie zu vermindern. Was ist also zu tun, nachdem Gott den Kaiser so mächtig gemacht hat? Die einzig richtige Antwort war für Bucer, sich „ex toto corde" zu Gott zu bekehren – Gott hält auch das Herz des Kaisers in seiner Hand.[82] Bucer ging in diesem Zusammenhang auch auf das Schicksal von Konstanz ein, deutete die Ereignisse jedoch völlig anders als Sturm. Der Politiker verwies darauf, dass Konstanz nach der Belagerung und Eroberung alles verloren hatte, da der Kaiser die Einwohner nach der Kapitulation auf den traditionellen Glauben statt auf das Interim verpflichtet und damit das evangelische Kirchenwesen vollständig vernichtet hatte. Für den Theologen hatten die Konstanzer nicht genug gebetet und Buße getan, so dass Gott diese Strafe über sie verhängt hatte. Wollte Straßburg dem entgehen, mussten seine Einwohner ihre Sünden eifriger bekämpfen und bessere Kirchenzucht üben. Bucer blieb davon überzeugt: Niemand braucht an Gottes Hilfe zu zweifeln, „si eam [sc. operam] modo petat vera fide et expectet".

Nachdem eine weitere Gesandtschaft an den Kaiser in Köln erfolglos geblieben war, da Karl V. in seiner Antwort vom 10. September auf der Einführung des Interims bestand[83], beschloss der Rat Ende September 1548, Verhandlungen mit dem Straßburger Bischof Erasmus von Limburg aufzunehmen und damit eine neue Verhandlungsebene zu betreten, ohne sich dabei jedoch besonders zu beeilen.[84] Am 26. Oktober 1548 unterrichtete der Interimsausschuss des Rates, zu dessen Mitgliedern Jakob Sturm gehörte, die Prediger über den Beschluss. Ihnen wurde versichert, der Rat sei keineswegs gesinnt, das Papsttum wieder aufzurichten, die Stadt sei aber militärisch zu schwach, „den äusserlichen gotts Dienst wyder Kay. mjt. zuerhalten". Der Rat wollte jedoch darauf

[82] „Qui [*sc. Deus*] […] cor quoque eius [*sc. imperatoris*] habet in sua manu" ist vermutlich Zitat aus Prov. 21,1: „cor regis in manu Domini".

[83] Zu seinen Ablehnungsgründen vgl. Karl V. an die Straßburger Gesandten, 10.9.1548; PC 4/2, S. 1080.

[84] Zu den Straßburger Überlegungen vgl. PC 4/2, S.1085 f. (Bedenken Sturms u.a., 29.9.1548).

bedacht sein, wie die Stadt „dic rain Lehr behaltten" möchte, und ermahnte deshalb die Prediger zur Zurückhaltung. Sie sollten weder den Rat beschimpfen noch die Gemeinde gegen die Ratspolitik mobilisieren.[85]

Mit dieser Unterrichtung der Prediger am 26. Oktober war die entscheidende Weichenstellung erreicht. Sturm und der Rat entschieden sich für die politische Lösung, um wenigstens einen Teil des evangelischen Kirchenwesens zu retten – mit der Perspektive, diese Politik zu modifizieren, sowie die militärische Stellung des Kaisers dies zuließ. Bucer setzte in seinem Protest gegen den Plan einer Kirchenteilung auf die religiöse Lösung des Alles oder Nichts: Kein Kompromiss, sondern allein Warten und Vertrauen auf Gottes Hilfe oder aber Annahme seiner Strafe für die begangenen Sünden und die unterlassene Kirchenzucht. Da es Sturm gelungen war, die überwiegende Mehrheit der Schöffen hinter sich zu bringen, war seine Partei jedoch endgültig stärker geworden als die Bucers, obwohl beide im Ziel einig waren: Bewahrung der Predigt des reinen Wortes Gottes in Straßburg.

Die „Antwort" der Prediger auf den ihnen vorgetragenen Ratsbedacht vom 26. Oktober legte Bucer am 3. November 1548 vor.[86] Er versicherte mit seinen Kollegen den Rat zwar seines Mitleids wegen der schwierigen Situation, ersparte ihm aber auch nicht den Vorwurf, aus Ängstlichkeit nicht schon auf dem Reichstag gegen das Interim protestiert zu haben, und unterstrich die Pflicht der Prediger, „in diesen allergeferlichsten zeiten und hendlen"[87] ihren Dienst so zu verrichten, wie sie hofften, dass es Christus gefalle und die Gemeinde stärke. Die Verhandlungen mit dem Bischof verglich er mit dem Versuch, Christus und Belial, Licht und Finsternis miteinander in Übereinstimmung zu bringen. Den Vorhalt, zu schroff gepredigt zu haben, wies er zurück; im Gegenteil hatten die Prediger sich nach ihrer Selbsteinschätzung zurückgehalten, „so fil ein ieder under uns hat in seinem gewissen ertragen mogen und unser etliche wol etwas weiter".[88] Dass es in der von Gott verliehenen Amtsbefugnis des Rates stehe, über eine partielle Wiedereinführung des Götzendienstes zu verhandeln, bezweifelte Bucer, es sei denn, Gott habe dem Rat die Kompetenz über das Kirchenwesen entzogen und sie Kaiser und Bischof übertragen. Mit Röm. 3,8 warnte Bucer erneut vor der Dialektik des Schlechthandelns, um gute Resultate zu erzielen, und wies auf das Volk Israel als Vorbild für Rat, Schöffen und Gemeinde hin: Gott hat seinem Volk stets geholfen, wenn es in Not war und sich vom Götzendienst bekehrte. Wir kennen heute Gottes Wege und Mittel zur Hilfe nicht – diese Einsicht Bucers verwies Sturm auf den Weg eigenen Handelns, während Bucer als einzig gangbaren Weg in der gegenwärtigen Situation

85 Vgl. Adam, Kirchengeschichte (s. Anm. 4), S. 268; BDS 17, S. 550,1–551,27.
86 Vgl. BDS 17, S. 549–563.
87 BDS 17, S. 552,11.
88 BDS 17, S. 557,1 f.

ernsthaftes Gebet zu Gott, wahre und nachhaltige Buße sah. Danach – und hier griff Bucer in den politischen Bereich über – muss gemäß der Ordnung der Stadt beratschlagt werden, wobei wie 1529 bei der Abschaffung der Messe die Schöffen einzubeziehen sind. Die Prediger wollten den Rat bei den Bürgern nicht verdächtigen oder unter Druck setzen, beanspruchten aber, den Inhalt der Confessio Augustana und ihre Meinung vom Interim „clar und eigentlichen"[89] bekannt zu machen. Bucer ermahnte den Rat, allein auf Gott zu sehen und zu erkennen, was er in dieser hochgefährlichen Lage für sein eigenes Heil und das der ihm Anvertrauten zu tun hatte. Falsche Entscheidungen stellte er unter das Verdikt Mt 10,32: Wer Christus vor den Menschen verleugnet, den wird Christus vor seinem himmlischen Vater verleugnen, und Lk 9,62: Wer seine Hand an den Pflug legt und sieht zurück, ist nicht geschickt zum Reich Gottes.

Auf die zähen und schwierigen Verhandlungen mit den Vertretern des Bischofs, der die kaiserliche Autorität hinter sich wusste und sie jederzeit gegen die Straßburger aufbieten konnte, braucht hier nicht weiter eingegangen zu werden. Nachdem die ersten Gespräche ohne Ergebnis geblieben waren, formulierte Sturm erneut die drei Handlungsmöglichkeiten: aktiver Widerstand; bedingungslose Übernahme des Interims; Übernahme dessen, was mit Gott und Gewissen zu bewilligen sei, und für das Andere Hinnahme der Einführung durch Kaiser und Bischof.[90] Die Schöffen erklärten sich am 23. Januar 1549 mit großer Mehrheit für die dritte Variante; zwei Tage später informierte Sturm die Prediger über die Lage und appellierte an sie, „sich in die Zeit zu schicken" und ihre Predigten so einzurichten, dass sie weder den Kaiser noch den Papst oder eine andere Obrigkeit angriffen, und sich mit dem Inhalt des Interims nicht zu beschäftigen. Wer sich dazu nicht verpflichten wolle, könne sein Amt aufgeben, solle dies aber dem Rat vorher anzeigen und nicht einfach fortziehen.[91] Bucer sah sich durch diese Vorhaltung zu einer Aufzeichnung „De proprio fidelis Christi ministri munere" veranlasst[92] – einer Selbstvergewisserung für sich und seine Kollegen, wie das Predigtamt in dieser Notzeit ausgeübt werden müsse.

Auf dieser Grundlage erging am 2. Februar 1549 die „Responsio ad Senatum".[93] Die Prediger erklärten sich bereit, als Untertanen die Beschlüsse der Obrigkeit hinzunehmen, soweit dadurch nicht die Majestät Gottes verletzt werde. Dies geschah aber in Bucers Sicht dann, wenn ihnen verboten werde, die Gemeinde über das Interim aufzuklären. Zur Unterstützung seiner Position griff Bucer auf Bibelstellen (Mt 12,30) und auf den arianischen Streit zurück,

89 BDS 17, S. 562,10.
90 Vgl. PC 4/2, S. 1114–1118 (Bedacht über die Vorschläge des Bischofs, vor 14.1.1549).
91 Vgl. PC 4/2, S. 1124 Anm. 6; Horning, Briefe (s. Anm. 80), S. 26 (Fagius an Ulstetter, 25.1.1549).
92 Vgl. BDS 17, S. 564–573.
93 Vgl. BDS 17, S. 574–593.

um zu illustrieren, dass ein vordergründiger Frieden durch Verschweigen der Konflikte nur schädlich sei. Dem Argument Sturms, die Straßburger Evangelischen seien durch langjährige Unterweisung im Glauben gefestigt, hielt Bucer entgegen, dass es „auch gar vil schwacher und ubel berichter leut" gab[94], die sich leicht verführen ließen, außerdem viele Junge, die weder von christlicher noch päpstlicher Religion viel wüssten. Er warf dem Rat wiederum vor, trotz des mehrjährigen Drängens der Prediger alles, „das zu der kirchen und Stat [= Stadt] zucht gehören mage", vernachlässigt zu haben. Vorbildliches Handeln konnte der Rat dagegen von den „rechten gotsfürsten und oberen" des Alten Testaments lernen.[95] Ihre Beispiele bewiesen, dass Gott nach Buße für begangene Sünden und nach ernsthaftem Gebet seinen Bund mit dem Volk erneuerte. Der Bundesgedanke wurde von Bucer jetzt erstmals in dieser Krise explizit argumentativ verwendet. Gegen den Vorwurf, die Gemeinde zum Ungehorsam gegen den Befehl des Kaisers aufgefordert zu haben, verwahrte sich Bucer, stellte aber dem Befehl des Kaisers den Befehl Christi entgegen – die Zeremonialvorschriften des Interims waren in seiner Sicht die „eusserste Abgotterey und schendung" Christi[96], die es je gegeben habe.

Gleichwohl ließ das Gutachten am Schluss erstmals Konzessionsbereitschaft erkennen, wenn Bucer formulierte: „Wa mit Gott einiger wege mag erfunden werden, das in deren [*sc. der Straßburger Kirche*] dienst unser doch ettliche seliglich mögen bleyben, dazu wollen wir uns gern uff das eusserist, so wir mit Gott mögen, bearbeiten [= *darauf hinarbeiten*]."[97] Wie diese Auskunft konkret gefüllt werden konnte, blieb noch offen.

Auf die „Responsio" reagierte der Rat mit einer erneuten mündlichen Unterrichtung der Prediger am 6. Februar 1549. Wiederum wurde ihnen die Zwangslage der Stadt geschildert und dringend Mäßigung in den Predigten angemahnt; zugleich wurden sie aufgefordert, die im Interim gebotenen Feier- und Fasttage einzurichten, um dem Kaiser in diesem Bereich guten Willen zu bezeugen.[98] Bucer entwarf daraufhin am 11. Februar den „Ratschlag, wie doch etwas christlichen Dienstes bei dieser Kirchen allhie möge erhalten werden, von einem Rat begehret". Der Text wurde im Predigerkonvent um die bereits mehrfach vorgetragenen theologischen Argumente gegen das Interim gekürzt und von Bucer danach nochmals überarbeitet, bevor er dem Rat am 22. Februar 1549 übergeben wurde: „Des Kirchenkonvents fernere Erklärung in puncto des Interims"[99], un-

94 BDS 17, S. 585,25.
95 BDS 17, S. 588,5f. Bucer sprach von Ermahnungen an den Rat „dis dritthalbe jar einher" (Z. 9).
96 BDS 17, S. 590,8.
97 BDS 17, S. 591,8–10.
98 Vgl. PC 4/2, S. 1127 Anm. 3.
99 Vgl. BDS 17, S. 593–620.

terschrieben von Bucer, Nigri (Schwarz), Fagius und Marbach als Pfarrern derjenigen Kirchen, die von einem Kompromiss besonders bedroht waren: Münster, Alt- und Jung-St. Peter, St. Thomas. Implizit anknüpfend an den Schluss der „Responsio", stellte die „Erklärung" eine Art Notfallplan auf, wie trotz des Interims das evangelische Kirchenwesen in Straßburg aufrechterhalten werden konnte. Dabei wurde die bisher vertretene Position des Alles oder Nichts zwar nicht widerrufen, aber in dem Bestreben, das pragmatisch Beste aus der fast hoffnungslos erscheinenden Situation zu machen, stillschweigend abgeschwächt. Damit ließen sich Bucer und seine Kollegen auf die Verhandlungslinie Sturms ein. An der Grundbedingung wurde gleichwohl festgehalten: Für die Weiterexistenz der evangelischen Kirche in Straßburg trotz Interims sind Buße und Besserung erforderlich, um den zerstörten Bund mit Gott wiederherzustellen. Daraus ergab sich das alte Petitum: Der Rat muss eine wirksame Disziplin im kirchlichen und bürgerlichen Leben aufrichten.

Die Aufgaben der Prediger unter Interimsbedingungen absteckend, ging Bucer von zwei Prämissen aus: 1. Kein Christ kann alles halten, was das Interim für Lehre und Zeremonien vorschreibt; 2. der gegenwärtige Episkopat ist unwillig, vor allem aber unfähig, die ihm durch das Interim aufgetragenen Aufgaben, insbesondere im Bereich von Seelsorge und richtiger Kirchenleitung, zu erfüllen. Die Prediger dürfen sich daher nicht der bischöflichen Jurisdiktion unterwerfen; auch das Verfügungsrecht über die Pfarrstellen muss dem Rat verbleiben und die Pfarrer sind weiterhin von der Gemeinde zu wählen. Der Rat darf von ihnen auch nur das Versprechen verlangen, dem Interim gemäß zu lehren und zu handeln, „so fil und so lang ich mit Gott kanne".[100] Die alten und die neu zu berufenden Prediger, die in der Unterdrückung amtieren, müssen vorsichtig und mit höchster Klugheit des Heiligen Geistes vorgehen. Zur Leitung der Straßburger Kirche bedarf es eines „Gottsgelerten, rechtverstendigen und eiffrigen" Mannes.[101] Für dieses Amt, d.h. also für seine Nachfolge, schlug Bucer, der damit zugleich signalisierte, dass er nicht unter den neuen Bedingungen als Superintendent amtieren werde, den Helfer an Jung-St. Peter, Martin Schalling, vor. Kaspar Hedio und Johannes Marbach wurden damit übergangen. Aufgabe der Prediger ist es, den Kirchendienst in Wort, Sakrament und christlicher Zucht zu versehen. Dazu müssen das tägliche Morgengebet, der Katechismusunterricht in Kirchen und Häusern sowie die Krankenbesuche erhalten bleiben. Zu achten ist auf die Selbstbildung der Gläubigen durch eigenständige Bibellektüre. Für die durch das Interim geforderte Beichte entwarf Bucer genaue Prozeduralvorschriften.

[100] BDS 17, S. 602,1.
[101] BDS 17, S. 603,4 f.

Die erforderliche Zurückhaltung in der Predigt muss sich einmal an „des volcks schwacheyt“[102] orientieren, zum anderen an der Gefahr, dass bei Unvorsichtigkeit die „Widerwärtigen Gottes“ – in diesem Text Bucers Bezeichnung für die altkirchliche Gegenpartei – dem Geistlichen die Predigt ganz verbieten und damit die evangelische Lehre in der Stadt völlig unterdrücken. Dennoch muss er für Deutlichkeit sorgen und sich von Zeremonien, die nicht Gottes Wort entsprechen, abgrenzen. Bucer verwies in diesem Zusammenhang auf das Beispiel Luthers, der am Beginn der Reformation durch klare Schriftauslegung und geistliche Lieder die Leute von den ungöttlichen zu den göttlichen Zeremonien geführt habe. Auch die Kirchenväter können argumentativ verwendet werden, ebenso passende Abschnitte des Interims. Bucer machte zudem Vorschläge, wie die evangelischen Prediger auf die Argumente der Gegenseite reagieren sollten, nur bei der Messe ist „gar kein rath zufinden“.[103] Wenn nicht durchzusetzen ist, dass das Abendmahl ohne Messkanon gefeiert werden darf, soll besser ganz darauf verzichtet werden. An der Krankenkommunion in den Häusern ist aber festzuhalten; an ihr können dann auch Gesunde teilnehmen, wenn sie nicht ohnehin Abendmahl in den Häusern feiern wollen. Auch für die erforderliche Zurückhaltung der Prediger sei es besser, wenn sie nicht „das grewlichste seelverderben jmmer vor augen sehen“.[104]

Da Bucer offenbar nicht von einer realen Kirchenteilung ausging, sondern von Simultannutzung der bestehenden Gebäude, riet er dem Rat, eigene Kirchen zu bauen. Dadurch konnten die Schwachgläubigen leichter vor Verführung durch die prunkvollen abgöttischen Zeremonien geschützt werden. Weil die Gegenseite die besten Stunden beanspruchen würde, sollten die evangelischen Predigten möglichst früh – etwa um 7 oder 8 Uhr – gehalten werden. „Dadurch mochte auch etwan desto mehr anstoß und anreitzung under beden teylen verhuttet werden.“[105]

Der Rat sollte dem Volk als Hirt der Herde vorangehen wie David, Asa, Josaphat, Hiskias, Josia, Nehemia und andere „Gottselige obere“ getan hatten.[106] In diesem Zusammenhang thematisierte Bucer noch einmal die Kirchenzucht, an der „leider […] bißher fil zu fil versaumet worden, bede in zeit des fridens und seither“.[107] Alle anderen Mittel und Wege, um Frieden, Freiheit und Religion zu erhalten, hatten nichts bewirkt, sondern „die sachen imer erger gemacht“.[108] Welche Folgen ein Handeln ohne Gott hatte, machte Bucer mit dem

[102] BDS 17, S. 605,33.
[103] BDS 17, S. 614,3.
[104] BDS 17, S. 615,6.
[105] BDS 17, S. 615,10f.
[106] Vgl. BDS 17, S. 619,23–31 (Zitat S. 619,27f.).
[107] BDS 17, S. 618,14f.
[108] BDS 17, S. 618,22.

Zitat Jes 30,1–3 über den Untergang derer, die sich auf ihre eigene Kraft verlassen, deutlich. „Wir sehen ja clar vor augen, wa Gott nit will seiner alten grossen wunder werckhen mit uns würckhen, das man allhie von reiner Religion Christi in den kirchen gar nichts würde mögen erhalten."[109]

In den Verhandlungen des Rates mit den bischöflichen Gesandten forderten diese die Entlassung von Bucer und Fagius. Nach einem entsprechenden Ratsbeschluss vom Tage zuvor wurden beide Prediger, „da sie ungeachtet allen Zuredens bei ihrer Stellungnahme blieben", am 2. März 1549 „mit freundelichen gutten wortten" „inen selbs zu gutem" verabschiedet, mit einem Jahrgeld sowie mit einer befristeten Pension versehen, „ob Gott gnad geb, dass es besser würde, dass man sie wyder an der handt haben möchte". Damit war die Möglichkeit einer Rückberufung bei Änderung der politischen Situation ausdrücklich offengelassen. Auch Bucer versicherte bei der letzten Unterredung mit Sturm: „Who es gott fugt, wollt [er] künfftig gern wyder disser kirchen dienen."[110] Während über Bucers Abschiedspredigt nichts überliefert ist, stellte Fagius, der in den voraufgegangenen Auseinandersetzungen immer besonders entschieden aufgetreten war, der Obrigkeit in seiner letzten Predigt ein gutes Zeugnis aus: Sie habe alles versucht, um das Evangelium zu retten. Bucer und Fagius verließen erst über einen Monat später am 6. April die Stadt – von einer Flucht kann daher nicht eigentlich die Rede sein, auch wenn die Abreise ohne formelle Verabschiedung erfolgte.

Die übrigen Prediger sollten zufolge dem Ratsbeschluss vom 1. März 1549 zum Bleiben veranlasst werden, allerdings unter der Bedingung, dass sie sich künftig in ihren Predigten maßvoller verhielten. Offensichtlich auf der Basis des Votums vom 22. Februar 1549 fügten sich alle – ein Zeichen, dass die konfrontative Haltung, wie sie Bucer mit Zustimmung seiner Kollegen vertreten hatte, einer pragmatischeren Beurteilung der Lage und der in ihr noch bestehenden Möglichkeiten gewichen war. In der Tat war angesichts der realen Kräfteverhältnisse der Vertrag der Stadt mit Bischof Erasmus vom 23. November 1549 akzeptabel.[111] Dem Bischof wurden das Münster, die Stifte Alt- und Jung-St. Peter sowie Allerheiligen mit ihren Pfarreien für den altkirchlichen, nicht nach dem Interim eingerichteten Gottesdienst überlassen; Kaspar Hedio durfte als Münsterprediger dort weiterhin an Sonn- und Feiertagen amtieren.[112] Der Rat behielt die Kirchen und Pfarreien von St. Thomas, St. Aurelien, St. Niko-

[109] BDS 17, S. 619,4–6.

[110] Vgl. PC 4/2, S. 1144 Anm. 2; Adam, Kirchengeschichte (s. Anm. 4), S. 270.

[111] Den Text des Vertrags vgl. PC 4/2, S. 1259–1264; Dörner, Kirchenordnungen (s. Anm. 40), S. 368–371.

[112] Da Hedio sich weigerte, den Chorrock anzulegen, räumte er trotz drängender Gegenvorstellungen des Rates diese evangelische Position im altkirchlich gewordenen Münster und zog sich in die Dominikanerkirche zurück; vgl. Adam, Kirchengeschichte (s. Anm. 4), S. 276; PC 4/2, S. 1269 Anm. 3.

laus und St. Wilhelm mit der Vollmacht, hier den Gottesdienst so einzurichten, „wie sie es gegen der kaiserlichen maiestat des Interims halben getrauwen zuverantwurten".[113] Der Bischof verzichtete für diese Kirchen zudem stillschweigend auf das Kollaturrecht und auf seine ursprüngliche Forderung der Degradierung (keine Spendung der Sakramente) der ungeweihten Prädikanten. Die im Interim festgelegte Amtstracht (Chorrock) sowie die Fasten- und Feiertagsregelung wurden im Vertrag nicht erwähnt.

Kurz vor seinem Fortgang erwies Bucer der Straßburger Kirche auf Bitten des Rates noch einen letzten Dienst, indem er ein Gutachten über die Ladung der Straßburger Stadt- und Landgeistlichen zur Zaberner Synode abfasste[114] – sein Ansehen als theologische Autorität war offensichtlich ungebrochen. Seine Stellungnahme ging dahin, dass eine Teilnahme der evangelischen Geistlichen nicht die Gegenpartei als christlich legitimieren durfte; eine vorherige Verwahrung war daher erforderlich. Eine Teilnahme hielt Bucer aber auch ohnehin für zwecklos, da der evangelische Standpunkt von der Gegenseite nicht akzeptiert werden würde. Andererseits musste der Eindruck vermieden werden, dass eine Nichtteilnahme als Bekenntnisscheu ausgelegt und dass gegen die Abwesenden als contumaces kirchenrechtlich vorgegangen würde. Bucer riet daher, die Pfarrer unter den gegenwärtigen Umständen zu entschuldigen, ihre Teilnahme aber zuzusagen, falls der Bischof sie mit gleichberechtigtem Mitsprache- und Entscheidungsrecht akzeptierte und sie nicht in ihrem Gewissen bedrängte. Sturm verfuhr entsprechend diesem Rat – die evangelischen Geistlichen nahmen an der Synode nicht teil.

Trotz des letztlich eher nichtkonfrontativen Ausgangs der Auseinandersetzungen erhob Bucer nach seiner Ankunft in England in einem umfangreichen Brief an Sturm vom 13. Mai 1549 aus Croydon schwere Vorwürfe gegen dessen Politik und persönliche Einstellung.[115] Der Stättmeister hatte nach Bucers Meinung zu viel Rücksicht auf die Reichen und auf die Verächter des Wortes Gottes, die von Bucer sogenannten Epikuräer, genommen, statt auf Gottes Wort und Gottes Taten, mit denen er einst dem Volk Israel geholfen hatte, zu vertrauen. Er warf Sturm unverhohlen Mangel an Frömmigkeit vor; er habe für die Tragfähigkeit der Verheißungen Gottes in der Krise nur Spott, Ironie und Skepsis gezeigt, außerdem die Übel gegen Körper und Sachen als die schwersten

[113] Dörner, Kirchenordnungen (s. Anm. 40), S. 371.

[114] Vgl. BDS 18, S. 481–494 (ca. 27.3.1549); vgl. PC 4/2, S. 1161 Anm. 5.

[115] Vgl. Jean Rott, Investigationes Historicae. Église et société au XVIe siècle 1, S. 809–818. Vgl. auch Jacques V. Pollet (Hg.), Martin Bucer. Études sur la correspondance avec de nombreux textes inédits 1, Paris 1958, S. 254–256 (Bucer an Katharina Zell, 13.5.1549); über Sturm urteilte er hier: „Si noster Jacobus Sturmius audiret et agnosceret, quantam secum trahat ruinam, quantum obiiciat offendiculum casus nostrae istic ecclesiae et reipublicae. O maledictum Mammona, qui tam a multis tamque longe anteponeris aeterno Filio Dei, iudici vivorum et mortuorum."

bezeichnet und sie damit vor die Übel, die gegen die Seele verübt wurden, gestellt.[116] Bucer zeigte sich zutiefst beunruhigt über das Seelenheil seines Straßburger Gegenspielers, den er dennoch seiner Liebe und Zuneigung versicherte. Eine Reaktion Sturms ist nicht bekannt.

7. Fazit

Bucer wie Sturm suchten in der großen Krise 1548/49 gleichermaßen „der Stadt Bestes". Dabei setzte Bucer, indem er zugleich die seit Ende der dreißiger Jahre aufgebrochenen Auseinandersetzungen über die Kirchenzucht weiterführte, alle Hoffnung auf Buße und Umkehr und sah entsprechend seinem vom Alten Testament geprägten Heilsverständnis und Geschichtsbild allein darin die notwendige, aber auch erfolgreiche Voraussetzung für Gottes Hilfe, die dieser Straßburg so wenig wie einst dem Volk Israel versagen werde. Er war aber auch bereit, ein Scheitern dieser Erwartung als Strafe Gottes für begangene Sünden anzunehmen. Gingen Buße und Zucht tief genug, gab es Rettung oder irdischen Untergang, aber ewiges Heil. In der Krise 1548/49 zeigte sich Bucer nicht mehr als der „große Theologe des Dialogs"[117], sondern argumentierte dezisionistisch und fundamentalistisch. Dagegen sah Sturm sich zu pragmatischem Handeln aufgerufen, da er die Machtverhältnisse im Reich realistisch bewertete und keine eindeutige Weisung Gottes erkannte, die als Leitfaden des Handelns dienen konnte. Er betrieb „christliche Politik"[118] und bemühte sich um eine Regelung, die der Stadt das evangelische Bekenntnis erhielt, wenn auch um den Preis des Verzichts auf die integrale Lösung der unangetasteten Beibehaltung des äußeren Status quo. Durch sein Taktieren und Temporisieren schützte er Straßburg zunächst 18 Monate länger als die meisten südwestdeutschen Reichsstädte vor der Einführung des Interims. Ebenso schützte er die Stadt vor dem Umsturz der Ratsverfassung, wie sie Bischof Erasmus bei Karl V. anregte, um den Prädikanten den Rückhalt zu entziehen.[119] Durch die auf Sturm zurückgehende Kirchenteilung bewahrte er quantitativ die Hälfte statt qualitativ alles zu verlieren. Die evangelischen Kirchengemeinden blieben bei der bisherigen Lehre und Zeremonialordnung. Die Reichsstadt blieb konfessionell geschlossen. Sturms politischer Pragmatismus, geleitet vom Prinzip der Verantwortungsethik – bei durchaus

[116] Rott, Investigationes (s. Anm. 115), S. 813: „Terrebar saepe cum audirem te ita loqui de iis malis, quae in corpora modo et res possunt designari ab hominibus tanquam de extremis malis et quae non incomparabili lucro amittantur, dum causa Christi amittuntur."

[117] So Greschat (s. Anm. 4), S. 284.

[118] Im Sinne des von Luise Schorn-Schütte entwickelten Konzepts; vgl. Schorn-Schütte, Gottes Wort (s. Anm. 39).

[119] Vgl. PC 5, S. 76 (Denkschrift Bischof Erasmus' an Karl V., Anfang Oktober 1550).

kirchlich-konfessioneller Zielvorstellung –, setzte sich durch. Dem Rigorismus der Gesinnungsethik verhaftet bleibend, hat Bucer dies selbst im Nachhinein nicht positiv gewürdigt, wenn er auch kurz vor seinem Tod am 9. Februar 1551 konzedierte: „Argentinae nullae imponebantur nobis reiectae ceremoniae", aber rühmend hinzufügte: Der Mahnung des Rates, die Freimütigkeit „paululum [...] ad tempus" etwas einzuschränken, hätten um des Gewissens willen weder er noch seine Kollegen folgen können.[120]

120 Vgl. Heinrich Bornkamm, Martin Butzers letzter Brief. Sein Urteil über die englische Reformation und seine Stellung zum Interim in Deutschland, in: ARG 38 (1941), S. 239–249 (Zitat S. 248). Bucer zitierte im Kontext seines Urteils über die Entwicklung in Deutschland noch einmal Röm 3,8.

Martin Bucer. Medaille von Friedrich Hagenauer, Köln 1543.
Staatliche Münzsammlung München

Martin Bucer. Kupferstich von René Boyvin, Paris 1561/62.
Stiftung Luthergedenkstätten in Sachsen-Anhalt, Wittenberg

Personenregister*

Amsdorff, Nikolaus 50
Arend, Sabine 38
Augustijn, Cornelis 27, 54
Augustin von Hippo 44, 63

Baron, Hans 46
Bizer, Ernst 12 f., 16
Blanke, Fritz 12, 16
Blarer, Ambrosius 33–35, 37, 40 f., 48 f., 66, 70–73
Blarer, Margarethe 70–72
Boegner, Marc 13
Bonifatius 44
Bornkamm, Heinrich 11–13, 19–21
Brecht, Martin 22, 38
Brenz, Johannes 33, 48, 77, 87
Bucer, Elisabeth 70–72
Buckwalter, Stephen E. 27, 42
Bugenhagen, Johannes 39
Bullinger, Heinrich 50, 58, 67, 73

Calvin, Johannes 63, 75, 86
Capito, Wolfgang 49, 70 f.
Conord, Paul 19
Cruciger, Kaspar 77

Edward VI. von England 45
Erasmus von Limburg 89, 92, 98, 100
Erastus, Thomas 45, 75

Fagius, Paul 88, 94, 96, 98
Febvre, Lucien 13
Ferdinand I. 77
Fonzio, Bartholomeo 71
Franz I. von Frankreich 86
Frecht, Martin 48, 67, 69
Friedrich II. von der Pfalz 77, 79
Friedrich, Reinhold 42
Fugger 43

Gassner, Thomas 66
Graf, Johannes 69
Granvella, Antoine 85
Greschat, Martin 22, 43, 53
Grotius, Hugo 45
Grynaeus, Simon 68

Haistung, Jakob 56, 66
Haloander, Gregor 44
Hamm, Berndt 63
Hammann, Gottfried 62
Hass, Heinrich 85
Hauter, Charles 16
Hedio, Kaspar 70, 96, 98
Heinrich VIII. von England 68
Hutz, Peter 36

Irenäus von Lyon 49

Joachim II. von Brandenburg 77, 79 f.
Jos Münch von Rosenberg 87
Jud, Leo 67 f.
Justinian 85

* Namen von Autoren und Herausgebern bis einschließlich des 17. Jahrhunderts sind in jedem Fall aufgenommen. Personen ab dem 18. Jahrhundert werden nur berücksichtigt, soweit sie im Haupttext vorkommen. Das Lemma „Bucer, Martin“ entfällt.

Kappeler, Georg Veit 66
Karl V. 76–80, 82 f., 85–89, 92, 95, 100
Katharina von Aragon 68
Kegel, Leonhard 69
Kegel, Ulrich 57
Kniebis, Klaus 86
Koch, Karl 59
Kohls, Ernst-Wilhelm 37
Kroon, Marijn de 22 f., 25, 27

Lange, Albert de 54
Léonard, Emile G. 13
Luther, Martin 30, 34, 48, 50, 58, 61, 66–68, 77, 97

Marbach, Johannes 89, 96
Margarethe von der Saale 55
Marpeck, Pilgram 58
Maurer, Wilhelm 12 f., 16, 23
Meisenheimer, Johannes 69
Melanchthon, Philipp 30 f., 38–50, 77, 81, 84
Moeller, Bernd 23
Musculus, Wolfgang 44 f.

Neuser, Wilhelm 22–24
Nigri, Theobald 43, 68, 89, 96

Odratzheim, Hans von 82 f., 86
Oekolampad, Johannes 37, 40 f., 62, 70
Otter, Jakob 69
Ottheinrich von Neuburg 76

Pareus, David 45
Peter, Rudolphe 13, 16
Philipp von Hessen 33, 35, 37, 48 f., 55, 66, 75
Pistor, Georg 69 f.
Pollet, Jacques Vincent 11 f., 16, 19
Puaux, Gabriel 13

Rasdorfer, Paul 66
Rihel, Wendelin 84
Rimpius, Johannes 69
Ritter, Gerhard 12 f., 16, 20
Rothmann, Bernhard 55
Rott, Jean 16, 19
Rottach, Johannes 56, 66 f.
Rudolph, Hartmut 23, 25, 27

Sailer, Gereon 43
Sam, Konrad 36, 48, 67
Schalling, Martin 33, 96
Schnepf, Erhard 48 f.
Schwebel, Johannes 69 f.
Schwenckfeld, Kaspar von 42, 58, 60
Seebaß, Gottfried 23–27, 42
Seger, Johannes 56, 66 f.
Siegel, Christoph 69
Staehelin, Ernst 16
Steinborn, Erwin 11
Strohm, Christoph 27
Stupperich, Robert 11–13, 16–23, 26
Sturm, Jakob 73–75, 82 f., 85–96, 98–100

Ulrich von Württemberg 34 f., 48–50

Vermigli, Petrus Martyr 47
Volz, Hans 22

Weber, Max 73
Welser 43
Wendel, François 12 f., 16 f., 20, 22
Wied, Hermann von 38
Wilhelmi, Thomas 27
Wolfhart, Bonifatius 67
Wolgast, Eike 27

Zell, Matthias 70
Ziegler, Jakob 69
Zwingli, Anna 65
Zwingli, Huldrych 33, 40 f., 49 f., 65–67